Der Autor

Jesus Urlauber (Bauchi) gilt als kontroverse Person des öffentlichen Lebens und ist seit 2005 Aktivist in der Wahrheitsbewegung. Als Youtuber inspiriert er über Video-Logs tausende von Menschen dazu, über ihr Leben nachzudenken. Er arbeitet nach eigenen Angaben als Weltfriedensinstallatör, Diener für alle und König von sich selbst. Er coacht, tätowiert, pierct, schreinert, inspiriert und tut auch sonst so ziemlich alles was er nur kann, um den PeaceTrail2011 voranzubringen, ein Projekt zur Herstellung des natürlichen Gleichgewichts auf dieser unser aller Erde, dem er bis auf Weiteres sein Leben gewidmet hat.
Er lebt in seinem Wohnmobil „Serenity", und reist durchs Land, immer dahin, wo er sich dienlich machen kann.
Er ist über facebook als „Jesus Urlauber (Bauchi)" zu finden, sowie über seinen youtube-Kanal www.youtube.com/ichbinbauchi.

Herstellung und Verlag:
BoD - Books on Demand, Norderstedt

ISBN 9783743127630

Coverdesign by J.U.(Bauchi) und Jörg Richters

Das Buch

Dieses Buch ist kein herkömmliches Buch. Es ist ein Informationsträger, das im Internet als .pdf-Datei **kostenlos** zum Download angeboten wird und in Printform lediglich existiert und erhältlich ist, um den Peacetrail zu unterstützen, *und dadurch den Weltfrieden.* Wir danken herzlich jedem, der ein Buch zum Preis von 14,99 bei uns bestellt, weil er damit tatsächlich hilft, die Welt zu verschönern!

Kein Cent, der auf diese Weise generiert wird, wird dem Finanzamt in den Rachen geworfen, es würde dem Grundgedanken dieses Buches widersprechen, sich daran zu beteiligen, Rüstung, Kriege, Armut, Hunger und anderes durch die deutsche Regierung hervorgerufenes oder unterstützes Übel mitzufinanzieren. Dieses Buch ist KEIN TEIL DER ALTEN WELT!

       Erstauflage Dez. 2011 (100 Exemplare)
       Neuauflage Mai 2017 **via BoD.de**

?!

Vorwort

von Jörg Richters

Es gibt nur das All-Eine, sonst nichts!! Du wolltest es vergessen, und darum bist du hier: um Dich zu erinnern das du das Al-Eine bist.

Dir fehlte ein Wegweiser zurück nach Hause, genau dorthin, wo du schon bist. Dieses Buch ist ein Wegweiser, ein Hinweis Schild zu dem, der du wahrhaftig bist.

Genauso empfinde ich dieses sagenhafte, voll inspirierende Buch. Ich fing an das Skript zu Lesen und konnte nicht aufhören. So viele Ahhhha´s, schon in den ersten beiden Kapiteln überstiegen absolut meine Vorstellungen.

Ich empfehle Dir dieses Buch, wenn DU merkst, das etwas nicht stimmt, egal auf welcher Ebene Deines Seins Du Dich gerade befindest.

Wenn du das Gefühl hast, dass es da draußen etwas gibt, das irgendwie nicht stimmig ist. Dass Du immer auf der Suche bist, nach irgendetwas, das dich glücklich machen könnte oder sollte, dann lies dieses Buch und habe den Mut Dich selber zu erkennen!! Schau in den Spiegel Deines Selbst!!!

Aber sei getrost - das Buch wird dich finden, und Dein Herz und Dein Sein mit authentischer, reiner Liebe füllen.

Ich danke Bauchi von ganzem Herzen, das er sich zur Verfügung gestellt hat um dieses Buch durch seinen Avatar zum Ausdruck zu bringen.

Ich persönlich kenne kaum einen zweiten Menschen, der für mich so authentisch ist wie er.

In absoluter Dankbarkeit zu Allem-Was-Ist,

Jörg Richters Abhirama (Voller Freude)

Lieber Leser,

ich starte heute ein Experiment, in dem es darum geht, herauszufinden, wie viel Buch ich in einer Woche (5 Tagen) schreiben kann.

Über die Jahre habe ich so viel Text ins Internet gestellt, dass ich wahrscheinlich gleich mehrere Bücher zusammen hätte, wenn ich alles zusammen tragen würde.

Auf meiner Festplatte befindet sich noch mehr Text aus meiner Feder; angefangene Bücher, offene Briefe, Notizen, Geschichten, und so einiges anderes.

Würde es mir an dieser Stelle darum gehen, einfach ein Buch zu schreiben, um mal was in dieser Form zu veröffentlichen, könnte ich also locker darauf zurück greifen, eine Auswahl dieser Textsammlung zusammen zu stellen und hätte schnell was auf die Beine gestellt, das ich meinem Verleger schicken könnte.

Hier soll es aber für mich darum gehen, mich eine Woche dem Schreiben zu widmen, ich sehe es als eine Form von Meditation, in die ich mich beim Schreiben dieser Worte gerade begebe. Ich öffne mich und lass mich inspirieren, schreibe ohne weitere Absicht, um herauszufinden, was dadurch zustande kommt.

Im Vorfeld habe ich im facebook meinen Freunden davon erzählt, und gefragt, worüber sie denn gern von mir lesen möchten. Die Resonanz war nicht übel, und die daraus hervorgehenden Inspirationen für mich Gold wert.

Ich bedanke mich im Vorfeld bei allen Beteiligten für ihr Zutun, insbesondere bei meiner Schwester Daniela, die mir hier ein perfektes Set und Setting für dieses Experiment bietet, also die nötigen Möglichkeiten.

Ich möchte das Buch gern verlegen lassen, um durch Print-Versionen ein wenig Geld für den Peacetrail zu manifestieren. Die in ihm enthaltenen Inspirationen sollen allerdings für jeden frei zugänglich sein, also werde ich die einzelnen Kapitel auf meinem facebook-Profil als Notizen speichern, und bestimmt gibt's am Ende eine .pdf-Datei irgendwo im Internet, wer sich interessiert, wird sie finden.

Zusatz Tag 2:

Ich merke gerade, dass dies eine Form von Buch wird, das man nicht unbedingt von vorn bis hinten lesen muss, die Kapitel bauen nicht wirklich aufeinander auf. Ich halte die einzelnen Kapitel so, dass sie nicht zu lang sind, und einfach zwischendurch mal gelesen werden können.

Und es entsteht der Eindruck, dass es Sinn macht, aus diesem Buch auch vor dem Einschlafen zu lesen, weil das was wir als Letztes vor dem Einschlafen bewusst wahrnehmen, hat großen Einfluss auf das, was wir träumen. Die Texte die bisher entstanden sind, sprechen sehr das Unterbewusstsein, die Seele, das höhere Selbst des Lesers an. Der Geist wird das Meiste nicht greifen können, aber das Herz kann es, und ich habe die Erfahrung gemacht, dass solche Texte über Tage und Wochen wirken und Änderungen im Innern hervorrufen. Ich lege nahe, ein Auge auf diese Wirkungen zu legen, denn sie erhöhen nochmals deutlich das Bewusstsein.

Nun, dann mag ich mal los legen...

Inhaltsverzeichnis

- Tag 1 -

Grenzen 11
Vergebung 18
Freiheit und Eigenverantwortung 27
Toleranz und Geduld 45
Über die Entstehung von Materie 55
Wie hört man das alltägliche Gemecker auf? 65

- Tag 2 -

Selbst-Reflektion 71
Das „Hier und Jetzt" 93
Außerirdische und der Weltfrieden 101

- Tag 3 -

Der König von sich Selbst 120
P2P-Ökonomie 136
Das Para-Dies und die
AllgeMEINE WAHRnehmung! 148
Selbstheilung 158

- Tag 4 -

OnMind-Gaming 170
Liebe 185
Inspiraten-Denkanstöße 192

- Anhang -

NuEra: Das Spiel 204

- Tag 1 -
12.12.11

Grenzen

Die Anregung zu diesem Kapitel kommt von Fabiola Bello, *herzlichen Dank!*

Was genau sind Grenzen? In meinen Augen eine imaginäre Linie, die uns vorgaukelt, hinter ihr ginge irgendwas nicht weiter. Imaginär, weil Grenzen jeder Art nur in unseren Köpfen bestehen, was sich darin zeigt, dass meine Grenzen für Andere noch lange keine sein müssen, und ich selbst auch schon des Öfteren in der Lage war, meine eigenen Grenzen zu brechen und an diesen Stellen eben doch weiter zu kommen. Grenzen sind im Prinzip unser geistiger Horizont, das Firmament unserer eingeschränkten eigenen Sicht, bis dahin können wir gucken und wahrnehmen was wir sehen. Dass es danach weiter geht, können wir uns einfach nicht vorstellen, in der Regel, weil uns die Erfahrungen und Erlebnisse fehlen, die wir bräuchten um zu WISSEN, was hinter den Grenzen unseres Bewusstseins liegt.

Man sagt, Grenzen seien da um gebrochen zu werden, und in gewisser Weise geht es gar nicht anders. De facto brechen wir jedes Mal wenn wir was lernen eine Grenze. Erweitern so unseren Horizont, und an vielen Stellen ist das sogar gewünscht so. Ungewünscht ist es lediglich auf den Gebieten, in denen wir die Macht anderer mindern, die sie über uns zu haben meinen. Was allerdings weder unseren Geist noch unser Unterbewusstsein auf Dauer davon abhalten kann, Grenzen zu überschreiten, denn letztlich ist es die Aufgabe unseres Gehirns, permanent weiter Informationen zu sammeln, Sekunde für Sekunde, und die Aufgabe unseres Unterbewusstseins, sich davon inspirieren zu lassen und Schlüsse zu ziehen, also zu „verstehen", sprich zu LERNEN.

Ich finde es bemerkenswert, dass wir hier überhaupt ein solches Wort wie Grenzen kennen, denn es zeigt uns deutlich ein paar Dinge:

Zum Einen sind wir dadurch effektiv eingeschränkte Wesen. Gefangen also in etwas, was allerdings nicht unbedingt etwas Schlimmes sein muss. Wir könnten ja nicht lernen, oder bräuchten es nicht, wenn unser Bewusstseinshorizont endlos, also grenzenlos wäre. Das wäre eine Form von Freiheit, über die ich manchmal nachdenke, und genau weiß, dass ich noch so manche eigene Grenze überschreiten muss, um mir das überhaupt nur vorstellen zu können. Ich bin froh, dass ich meinem Geist inzwischen vermitteln konnte, dass es Dinge gibt, die er einfach nicht greifen kann. So weit sind wir schon mal ;)

Zum Anderen haben Grenzen in unserem Leben eine derart große Bewandtnis, dass sie, ohne dass wir es wirklich groß mitbekommen, unseren Alltag regulieren und ein Zusammenspiel geistiger Wesen in einer materiellen Welt überhaupt erst möglich machen. Grenzen haben viel mit Freiheit zu tun, wie ich schon sagte, und das kann man durchaus positiv wie negativ wahr nehmen. Wie ich eingangs erwähnte sind Grenzen imaginär, Einbildung, nur in unseren Köpfen „real", so wie alles was wir wahrnehmen nur in unseren Köpfen „real" ist. Es sind Werkzeuge des Verstandes, sie ändern sich permanent und sind niemals von ewigem Bestand.

Es gab mal dieses Lied von Stefan Remmler; „Alles hat ein Ende nur die Wurst hat zwei"...

Angesichts der Tatsache, dass die Form der Wurst (ich stell mir mal gerade eine vegetarische vor, bevor mir allzu übel wird) tatsächlich in unseren Augen und nach unserer Definition zwei „Enden" hat, hat die Wurst selbst weder Anfang noch Ende. Wir definieren den Klumpen Materie als „Wurst" ab dem Moment, ab dem das Innere in einen Schlauch gepresst und an zwei Seiten versiegelt wird, und bis zu dem Moment in dem wir sie z.B. essen. Doch sind das wirklich An- fang und Ende der Wurst an sich? Wir können über zwei Enden der Wurst reden, solange sie eine langgezogene Form mit für uns zwei greifbaren „Enden", also Grenzen hat. Aber wo fängt die Wurst als solche an? Beim Zubereiten der Masse? Beim Entstehen der Zutaten, seien sie nun aus Fleisch oder aus Pflanzen? Genau genommen hat die Wurst da angefangen wo alles Andere auch angefangen hat, und geht aus dem hervor, aus dem alles hervor geht. Wo hört die Wurst auf? Wenn wir sie essen? Wo genau? In unserem Mund, im Magen, im Darm, oder im Klo? Oder erst in der Kläranlage, oder wenn die Materie, die mal eine Wurst war etwas völlig Neues geworden ist? Wie man sieht, sind Grenzen wirklich schwer zu definieren. Eben weil sie imaginär sind.

Ein weiteres sehr geläufiges Beispiel für die nicht reale Existenz liefern uns tatsächlich Landesgrenzen. An der Grenze mag EIN Land aufhören, aber hört dahinter DAS Land auf? Fragt mal Vögel oder andere Tiere, für die unsere polit-geographischen Grenzen keine weitere Bewandtnis haben, als dass sie ohne sie überhaupt zur Kenntnis zu nehmen täglich einfach überfliegen oder überlaufen. Diese Grenzen werden nicht nur ausschließlich von denen wahr genommen, die an ihnen nach ihrem Pass gefragt werden, sondern sie ändern sich im Laufe der Zeit auch noch ständig. Eben weil sie außer in unseren Köpfen nicht real sind. Wir als Menschen können sie nicht nur nach Belieben ändern, sondern wir haben sie erschaffen, und seither ändern wir sie am laufenden Band.

Was für einen Sinn haben Grenzen also?

Sie sind Werkzeuge für Wesenheiten, die Trennung erfahren wollen. Sie helfen uns, uns einzuschränken, uns von etwas als getrennt wahr nehmen zu können. Landesgrenzen sind eine, gesetzliche eine andere Art, und moralische eine weitere. Hegen wir in uns den Wunsch, zu unserem Ursprung, zur Quelle allen Lebens, der Liebe zurück zu kehren, macht es Sinn, sich mit dem Ablegen von Grenzen zu beschäftigen. Das kann man, indem man wo immer man auf eine trifft, diese beherzt überschreitet. Je bewusster man das tut - und ich denke dass Texte wie dieser hier auch nur dazu da sind, um genau das für alle zu ermöglichen, nämlich den BEWUSSTEN Umgang mit Grenzen – desto leichter fällt es, Grenzen aus dem Leben zu räumen.

Die wohl bemerkenswerteste Grenze, die man sich dabei am genauesten angucken sollte, ist das ICH, das EGO, denn sie ist das effektivste Werkzeug zur Simula- tion von Trennung, das wir als Lebewesen bei uns tra- gen. Letztlich ist das Ego das Konglomerat all unserer persönlichen Grenzen. Unsere Grenzen machen uns als Individuen aus. Da wo keine Grenzen mehr sind, ist ALLES EINS!

Vergebung

Wunderschönes Thema, Danke vielmals an Alexandra Meleyal*!*

Schon wieder so ein Wort mit „ver" am Anfang... ich bin noch nicht so ganz dahinter gestiegen, was es genau mit dieser Vorsilbe auf sich hat, ich weiß nur, dass es mit „vorbei am Optimum" zu tun hat, kaputt macht. Erst gestern spielte ich noch mit dem Gedanken, mir folgenden Spruch auf meinen Arm zu tätowieren:

Alles geben – nichts erwarten!

Mir ist vor nicht allzu langer Zeit klar geworden, was dieses Sätzchen für eine Weisheit birgt. Es ist letztlich ein Leitspruch, nach dem ich unbewusst schon seit Jahren lebe, als ich ihn vor ein paar Tagen von einer Freundin hörte, fiel es mir aber wie Schuppen von den Augen:

Wann muss ich überhaupt irgendwem irgendwas vergeben?
Ich brauche auf jeden Fall wieder irgendwen, den ich als etwas von mir Getrenntes wahr nehme. Also komm ich nicht drum herum, mein Ego einzusetzen, um in eine solche Situation überhaupt hineinzugeraten. Folglich habe ich ein Ego-Problem, wenn ich meine, jemandem was vergeben zu können oder müssen oder eben auch nicht.

Wenn ich meine, jemandem vergeben zu müssen, habe ich offensichtlich mehr gegeben als ich zurück bekommen habe, bin enttäuscht, gar verletzt, und jetzt spiele ich Gott, der in seiner maßlosen Güte in der Lage ist, über Geschehenes hinweg zu schauen, die Dinge gut sein zu lassen wie sie sind und bedingungslos zu lieben. Das Problem ist, dass ich genau *das* vorher aber nicht getan habe.

Ich habe gegeben, aber wohl auch etwas dafür erwartet. Sonst könnte ich ja gerade nicht enttäuscht sein, und würde erst recht nicht darauf kommen, diese Enttäuschung auf jemand Anderen zu projizieren, dem ich damit automatisch die Schuld für mein Leiden aufs Auge drücke und nun die Möglichkeit habe, so gütig zu sein, ihm das zu vergeben. Der Homo Sapiens macht das in der Regel so, dass er damit meint, dass das Geschehene o.k. mit ihm ist, solange der Andere aber weiterhin die Schuld trägt. Eigenverantwortung übernehmen zu können ist einem Wesen, das sich ständig von Allem getrennt wahr nimmt nämlich so gut wie unmöglich. Das Schuldspiel ist so ziemlich das effektivste Programm des Egos, sich von Anderem zu distanzieren. Wie sagt Volker Pispers so schön? „Wenn man weiß wer der Böse ist, hat der Tag Struktur!"

Der Ablauf des Schuldspiels ist immer der Gleiche. Es bedarf einer Absicht, die zu einer Erwartung führen kann, die immer erst mal eine potentielle Täuschung ist, eine Annahme, um genau zu sein, aus der dann Ent-Täuschung werden kann, die zu Schuldzuweisungen führt, wenn man Verantwortung nicht übernehmen kann oder möchte. Absichten erwachsen aus dem Spiel der Trennung, in dem der Eindruck entsteht, manche Dinge seien wichtiger als andere. Oder besser gesagt: In dem wir manche Dinge als wichtiger wahr nehmen können als andere. Das macht nämlich tatsächlich jedes Ego nach eigenem Ermessen, entsprechend seiner im letzten Kapitel beschrieben Grenzen oder Möglichkeiten.

Indem wir Dinge wichtig machen, machen wir andere unwichtig, bringen die Dinge in unserer Wahrnehmung aus dem Gleichgewicht, in dem alles gleich große Gültigkeit hat, gleiches Gewicht. Das führt nicht nur dazu, dass demnach nicht mehr alles als EINS wahrgenommen werden kann (da wo alles EINS ist, ist es das WEIL alles gleiche Bedeutung hat, kein Detail mehr besonders ist, sondern das große Ganze), sondern auch dazu, dass Absichten entstehen. Messen wir irgendeinem Detail, das wir wahr nehmen, größere Bedeutung bei als anderen Details, werden Dinge in unserem Leben wichtiger als andere, was bedeutet, dass wir Teile unseres Lebens (unserer Wahrnehmung) minderwertig werden lassen.

Wie töricht, wenn wir uns in einen Zustand bewegen möchten, in dem es nicht mehr nötig ist, irgendwas vergeben zu müssen. Und uns als gnädiger Gott über andere erheben müssen, um vermeintliches Fehlverhalten zu korrigieren. Kann denn das wichtiger sein, als das was der Andere gemacht hat? Haben wir an dieser Stelle in Betracht gezogen, dass wir selbst der Teufel waren, der einem Anderen das Leben zur Hölle gemacht hat, weil wir uns angemaßt haben, unsere eigenen Interessen über die eines Anderen zu stellen? Kann es sein, dass wir an dieser Stelle vergessen haben, dass der Andere eventuell auch ein Recht auf eigene Interessen hat, auf Dinge, die er frei nach SEINER Lust und Laune erleben möchte? Ich denke an dieser Stelle zeigt sich deutlich, warum ich eingangs sagte, dass VERgebung vorbei am Optimum ist.

Wenn aus einer ungleichgewichtigen Sichtweise Absichten entstehen, die zu Erwartungen führen, die zu Enttäuschungen führen können, die definitiv zu Leiden führen, und wenn man für dieses Leiden die Verantwortung nicht bei sich finden kann, das Ganze dann zu Schuldzuweisungen führt, die erst durch gnädige Vergebung wieder neutralisiert werden können... was bliebt dann sinnig?

Alles geben, OHNE etwas zu erwarten.
Ich kann an dieser Stelle sehr wohl von eigenen Erfahrungen sprechen, die es mir ermöglicht haben, etwas anderes kennen zu lernen:
Zum einen habe ich vor Jahren angefangen, alles was ich geben kann ohne Erwartung einer Gegenleistung zu geben. Das änderte maßgeblich meine innere Einstellung.
Ich habe seither das Gefühl, dass alles was ich brauche vorhanden ist, dass ich in mir selbst ein schier unerschöpfliches Potential und Kontingent habe, aus dem heraus ich so geben kann, dass Vergebung für mich gar nicht mehr nötig ist. Ich lebe in der Wahrnehmung von FÜLLE, in der alles ausreichend da ist, und bin zutiefst dankbar für alles was ich über den Tag zur Verfügung habe. Und das ist jeden Tag immer mehr, ich wäre nicht ansatzweise in der Lage, auch nur an einem einzigen Tag all das zu nutzen, was mir zu Verfü-

gung steht. Das meine ich damit wenn ich sage, dass ich im totalen Überfluss lebe - der reinste Luxus!

Zum Anderen brauche ich dadurch niemandem irgendwas abzunötigen, was er nicht geben kann, und erfahre dadurch keinen Mangel mehr. In der Fülle und im Überfluss ist alles gleich wichtig, gleich wesentlich, nichts hat mehr größere Bedeutung als etwas anderes, weil kein Druck mehr entsteht, aus dem heraus es nötig wäre, die Dinge aus dem Gleichgewicht zu holen. Da ich so keine Absichten mehr habe, sondern aus dem Verfügbaren schöpfen kann, so von niemandem mehr was erwarten muss, kann mich niemand mehr enttäuschen und verletzen, und so brauche ich weder jemandem böse zu sein noch Schuld zuzuweisen, und demnach nicht mal mehr vergeben. So spiele ich nicht beizeiten einen gnädigen Gott über Andere, sondern BIN der Gott, der Schöpfer meiner eigenen Wahrnehmung. WENN also in meiner Wahrnehmung eine Täuschung auffliegt, übernehme ich selbst die Verantwortung dafür, weil mir erstens bewusst ist, dass außer mir niemand da ist, der meine Wahrnehmung schöpft, und so zweitens ich selbst der war, der irgendwas so wichtig hat werden lassen, dass eine Absicht und eine Erwartung entstehen konnten. Wenn es also irgendjemanden gibt, dem ich irgendwas zu vergeben hätte, dann bin ICH das. Denn alles was ich wahrnehme, Menschen, Dinge, Situationen, was auch immer ich irgendwie benennen kann, ist ein Teil von MIR SELBST. Das macht das Ganze auf einmal sehr einfach! Ich vergebe EINMAL allen in mir und bitte alle in mir um Vergebung, das ist eine einmalige Sache, und danach ist aufgeräumt und ich kann den Spielplatz meiner Wahrnehmung vollständig neu definieren. Frei von Schuld, frei von den Maßstäben anderer, und mit dem Wissen darum, dass jeder von uns das tut was er tun muss, dass keiner von uns überhaupt eine andere Wahl hat als das zu tun was wir tun, und so den Sinn des Ganzen auch ergreifen zu können:

Wir sind hier, um zu ERLEBEN!

Was erleben wir? Das was wir wirklich sind: Reine, unermessliche LIEBE!

Was gibt's da noch zu verzeihen oder vergeben?

ErLEBEN wir!

Namesté!

Freiheit und Eigenverantwortung

Danke an Daniel Starsoul *und* Padrone von Herzentscheid *für diese Inspiration!*

Ich finde sehr schön, dass Daniel diese zwei Worte in einen Satz packt. Das ist nämlich eher das, was in Revolutionen der Vergangenheit nicht getan wurde. Jedenfalls nicht wirksam konsequent.

Prinzipiell könnte man sagen: das eine Wort definiert das andere.
Freiheit beruht auf Eigenverantwortung, und wer die Verantwortung für sich selbst übernimmt, ist frei!

Statt dessen lebt immer noch der größte Teil von uns in einem System, in dem es Usus ist, die Verantwortung über sich selbst abzugeben, weswegen es auch so immens schwer ist, sie zu übernehmen. Wenn ich nicht selbst entscheiden darf, fällt es schwer, die Konsequenzen zu tragen.

Das Problem ist, dass wir in diese Systeme geboren und vor allem hineinerzogen worden sind (hineinge- zogen trifffts eigentlich besser). Wir sind es gewohnt, von Kindesbeinen an für alles um Erlaubnis zu fragen- zu fragen - und noch viel schlimmer: uns von Dingen, die wir gern tun würden oder für sinnig befinden, ab- halten zu lassen, weil eine Autorität es verbietet. Noch schlimmer: Dinge, die wir eigentlich gar nicht tun wollen und als absolut unsinnig befinden, dennoch zu tun, weil eine Autorität es gebietet!

Ein freier Mensch, der eigenverantwortlich lebt, ist seine eigene Autorität, und sucht sich selbst aus, auf wen er mehr hört und auf wen weniger. Die meisten um uns herum sind aber eben (noch) keine freien Menschen, weil es sowas im alten System faktisch nicht gibt. Noch vor ein paar Wochen wollten mich zwei Polizisten in psychiatrische Behandlung abschieben, weil ich darauf bestand, meine eigene Autorität zu sein, und das kannten sie überhaupt nicht. Es klang abstrus für sie, „Sowas gibt es nicht!", behaupteten sie. Ich entgegnete, dass das richtig sei, zumindest in einem Sklavenstaat. Letztlich bewies ich ihnen das Gegenteil, indem ich - nach einem 15-minütigen Gespräch mit dem Psychiater, dem sie mich in Handschellen vorführten - das Krankenhaus als freier Mann in ihrer Begleitung, aber ohne Handschellen wieder verließ. In der Tasche einen Zettel, auf dem ich jetzt verbrieft habe, dass man mich als Teil das Sklavenstaates dringend in stationäre psychiatrische Behandlung stecken sollte, es aber nicht kann, weil ich weder für mich noch für jemand anderen eine Gefahr darstelle. Als freier Mensch hab ich das auch gar nicht nötig, die Verantwortung *dafür* zu übernehmen kann ich mir nämlich gründlich schenken, also lass ich alles was für mich und andere eine wirkliche Gefahr bedeutet!

In diesem Land wird man für verrückt erklärt wenn man eigenverantwortlich, also FREI lebt, ist das nicht verrückt?

Wovon reden wir eigentlich im Kern, wenn wir von Eigenverantwortung reden?
Wie immer natürlich von unserem Leben, unserer Wahrnehmung, und den Dingen oder Situationen, die

wir darin erleben. Ich möchte an dieser Stelle die Gelegenheit nutzen, einen Chatverlauf, der sich gerade in einer Schreib-Unterbrechung ergeben hat, hier hinein zu kopieren, um etwas zu veranschaulichen. Wer die betreffende Schwester ist, spielt hier keine weitere Rolle, also lass ich das anonym:

Sie:
> Ich habe angst zu leben
> Scheisse bin ganz unten

Ich:
> das gehört mit dazu.... mach dir keinen kopf, sondern beobachte es.. hier und jetzt bekommst du genau dadurch diese Gelegenheiten, ganz bewusst mitzubekommen, warum du in Löcher fällst, und wie du dich jedes einzelne mal wieder raus geholt hast...
> das ist GUT, versuch das mal zu genießen
> ich weiß das ist schwer und hört sich total Banane an, aber ich weiß nur zu gut warum ich das schreibe
> und ich schreibe gerade buch!!
> sei gebannt drauf, wird bald vorliegen
> da kommste spätestens dann dann wieder auf andere Ge-

> danken

ich glaub fest an dich, schwesterchen
> ich liebe dich gleich doppelt für dich mit, ok?

Sie:
> Nein ich nehme nix positives mehr an
> So möchte ich nicht mehr leben

Ich:

auch das ist ein teil davon
> tu was du für sinnig und richtig befindest

Sie:
> Ich will nicht mehr leben

Ich:

letztlich kannst du gar nichts anderes, als positives annehmen, weil du LIEBE BIST. nur gaukelt deine angst dir was anderes vor, und das ist teil des Programms, das du gerade durchläufst, aber damit bist du in sehr guter gesellschaft

hm.. das ist schwer, weil du ein Lebewesen bist.. du kannst dich umbringen, aber leben wirst du dennoch weiter.

das leben das mit dem Tod aufhört ist eine illusion
du bist schon Millionen Tode gestorben
wahrscheinlich hast du dich sogar schon mal umgebracht
..und? hats dir was geholfen?

Sie:

Also tue ich es!

Ich:

mach wie du möchtest, für mich bist und bleibst du unsterblich

Sie:

Ich meine das im ernst

Ich:

ich meine das auch im ernst
ich liebe dich
ich würde dir nie was vorschreiben
wir sehn uns!
egal wohin du gehst
du wirst schon sehen!
und der spuk, den du gerade durchlebst, geht auch wieder vorbei

Sie:

    Ich liebe mich nicht, bitte tue es nicht

Ich:

    ich kann gar nicht anders als dich lieben, weil ich auch liebe bin

    und du kannst de facto auch nicht anders

        du kannst angst haben so viel du willst, aber du BIST liebe!

Sie:

    Für dich ist das alles soooooo einfach

    Du hast leicht reden

Ich:

    was denkst du wies mir vor 7 Jahren ging?

    meinst du es war "einfach" mich in die klapse einweisen zu lassen?

    mein ganzes leben samt Einstellung zu ändern?

        das habe ich mir erlebt, mein engel!

Sie:

Glaube mir wenn du mich jeden tag ertragen würdest würdest du mich auch nicht lieben keiner liebt mich
Alle menschen in meinem umfeld sind so zu mir es liegt an mir ich bin unerträglich

Ich:
ich glaube das würde ich eher anders sehen
das problem bist nicht du, sondern deine programmierung
und die ist bei jedem ätzend der sie noch nicht umprogrammiert hat
es geht nicht ums ertragen
es geht ums erleben
    du siehst einfach im moment nur schatten
und vergisst dass du ihn selbst wirfst.. und ihn nur siehst, weil du auf ihn schaust.. dreh dich um und du siehst die sonne
    ... und nein, das liegt nicht an dir, sondern an deiner Wahrnehmung

leg dich was schlafen
und denk an was schönes
ich weiß dass du schöne dinge erlebt hast, ich war dabei!

    erinnere dich

Sie:

    An was?

Ich:

als wir bei deiner Schwester waren

da haben wir liebe erlebt

weissu noch?

    da warst DU liebe

du hast geschenkt

    das fand ich sehr imponierend damals

Sie:

    Ja, da war ich liebe!

Ich:

du hast ihr was gegeben was du eigentlich hättest haben können..

    zeit mir und ein tattoo noch dazu

meinst du jetzt wärst du was anderes als was du da warst?

du nimmst nur anders wahr gerade

> das ändert aber nichts daran, wer und was du bist
> du bist immer liebe
>> du kannst gar nichts anderes sein

Sie:
> Ich bin nix null müll

Ich kann alle Besorgten beruhigen. Sie lebt noch und nimmt schon wieder anders wahr. Der Chat ging noch etwas weiter, aber ich denke, um zu zeigen worum es mir hier geht, reicht das vollständig aus…

Wir reden in diesem Kapitel über Freiheit und Eigenverantwortung, und dieses Paradebeispiel verzweifelter Denkweise gibt uns Einblick in die Problematik.

Ihre Freiheit lässt es unumwunden zu, die Dinge und sich selbst genau SO wahr zu nehmen wie sie das tut. Im Kontrast steht meine Wahrnehmung; sie sieht ein Problem, und ich eine Lösung. Für mich als freies Lebewesen wäre es töricht, ihr vorzuschreiben wie sie irgendwas sehen oder was sie machen soll, zumal ich mir bewusst bin, dass sie es eh nur täte, wenn sie meine Vorschriften befolgen würde. Ich lasse sie FREI alles denken und sehen wie sie das gerade möchte, gebe lediglich Hinweise auf andere Sichtweisen. Dafür kann ich allerdings auch problemlos die Verantwortung übernehmen.

Schwer wird es dann bei aller Freiheit aber wieder, für unangenehme Dinge Eigenverantwortung zu übernehmen. So stellt sich die Frage, wie sinnig es ist, etwas auf unangenehme Weise wahr zu nehmen (vielleicht oder meistens, weil eine andere Wahrnehmung gesetzlich oder moralisch nicht zugelassen wird), wenn ich die Freiheit habe, es auch auf angenehme Weise wahr zu nehmen.

Wenn wir uns nun mal das Programm, die Programmierung und die Programmierer ansehen, dürfte einiges klarer und umsetzbarer werden:

Das Programm das hier durchlaufen wird, ist PROBLEM-Orientierung. Alles was wir wahrnehmen können, kann zum Einen als Problem, zum Anderen als Lösung gesehen werden. Und was für den Einen ein Problem ist, ist für den Anderen tatsächlich eine Lösung. Als Beispiel: Viele Menschen haben ein Problem damit, ihre Wohnung zu verlieren, für mich war es tatsächlich eine Lösung, nachdem mir klar wurde, dass Wohnungen in der heutigen Welt nett eingerichtete Gefängniszellen sind, in denen wir in wohnhaft sind. Seit ich keine eigene Wohnung mehr habe, und erst seitdem(!), bin ich frei, mich nach Belieben da hin zu bewegen, wo ich mich nützlich machen kann. Der Verlust meiner letzten Wohnung war demnach für mich kein Problem, sondern eine Lösung. De facto habe ich sie ja auch nicht verloren, sondern verlassen. Klar soweit? Problem und Lösung sind lediglich zwei verschiedene Perspektiven, aus denen man eine Thematik sehen kann.

Dass wir immerzu geneigt sind, in Allem Probleme zu sehen, verdanken wir entsprechenden Programmen.

Und die laufen ab, weil wir es seit Äonen gewohnt sind, sie uns gegenseitig in die Köpfe zu kopieren, um nicht prügeln zu sagen. Wir kennen es quasi kaum anders. Es hat allerdings auch was Gutes, denn so können wir bestimmte Dinge in der Trennung lernen. Wir könnten eine Lösung nicht anwenden, wenn wir nicht auch das passende Problem kennen würden. Das ist das Absurde, das Paradoxe innerhalb der Dualität. Was jedoch nicht als widersprüchlich, sondern als ergänzend gesehen werden sollte!

Die Programmierung dieser Programme funktioniert auf verschiedenste Weisen. Die einen erben wir von unseren Eltern und Großeltern, andere übernehmen wir durch die Schulen, und wieder andere sehr effektiv über die modernen Medien. Die meisten davon werden uns als "Wahrheit" verkauft, wodurch unser Gehirn durch Akzeptanz der entsprechenden Quelle, auch das Programm akzeptiert, ohne weiter die Richtigkeit zu erforschen oder überhaupt etwas in Frage zu stellen. Je leichter wir einfach glauben was wir sehen oder hören, desto schneller ist das Programm in uns installiert. Bedeutet im Umkehrschluss, dass wir durch Nicht-einfach-alles-glauben, und eine gesunde Skepsis dafür sorgen können, dass wir nicht so einfach fremdprogrammierbar sind, sprich uns wieder einen Schritt in Richtung Eigenverantwortung und Freiheit von diesen Programmen bewegen können. Mit gesunder Skepsis meine ich das richtige Maß, das sich im gleichen Maß bewegen sollte wie die Portion gesunder Naivität. (Ja, auch die kann sehr wohl von Nutzen sein!) Gesund bedeutet in meinen Kontexten immer, dass kein Beteiligter darunter zu leiden hat.

Nun bleibt zu klären, wer die Programmierer sind, und was genau sie mit problem-orinetierter Programmierung bezwecken.
Auf diesem Planeten sprechen in der letzten Zeit immer mehr Menschen von einer Form von Obrigkeit, die an der Spitze einer von den Meisten wahr genommenen Hierarchie-Pyramide steht, sie nennen sie "Elite", "Illuminaten", "Freimaurer", "NWO" (Neue Welt-Ordnung), oder ähnlich, und nehmen sie vor allem noch als was von ihnen Getrenntes wahr. Ich will

nicht abstreiten, dass diese Pyramide samt ihrer Spitze existiert, weise aber darauf hin, dass auch sie nur in den Köpfen derer real ist, die sie wahr nehmen (also für wahr halten), und demnach wie alles Andere auch nur ein Hirngespinst ist.

Wer meint, die Spitze diese Pyramide sei die Spitze von allem, und habe die Macht über alles, hat das große Ganze noch nicht erkannt. Das große Ganze, von dem WIR ALLE ein Teil sind. Die Menschheit als Organismus, oder noch besser ausgedrückt: Das LEBEN selbst, das sich aus der Ursprungsenergie von allem ergibt; der LIEBE.

Da die Liebe über allem steht, alles lösen kann, und höchstens durch Angst ausgeblendet werden kann, so wie alles, was wir hier auch nur ansatzweise wahr nehmen können, ist die Liebe auch für all diese Programmierungen verantwortlich. Und da WIR selbst ein Teil dieser Liebe sind, können wir genau an die- sem Punkt den Kreis schließen und sagen: WIR sind die Programmierer. Dass wir das ein wenig vergessen haben in der letzten Zeit (nur ein paar Jahrtausende), liegt explizit an dem Spiel, dass wir in dieser Zeit gespielt haben. In diesem Spiel ging es darum, sich von der Quelle des Lebens, der LIEBE abzuwenden, um danach die Erfahrung schätzen zu können, ein Teil von ihr zu sein. Um das zu bewerkstelligen haben wir als die Liebe selbst uns diese universellen Programmierungen einfallen lassen (und da war JEDER Beteiligte zu gleichen Teilen dran beteiligt, kein Grund sich deswegen mies zu fühlen oder wieder zu versuchen, irgendwen scheinbar von sich selbst Getrennten mit Schuld zu bewerfen, es ist keiner mehr übrig!), und haben sie über- und durchlebt!

An dieser Stelle möchte ich darauf hinweisen, dass es durchaus möglich ist, dass der Verstand beim Lesen solcher Worte aufs schärfste protestiert, schließlich ist er genau darauf programmiert. Diese Worte sind auch nicht für den Verstand bestimmt. Ein kleines Stimmchen in Dir wird aber Gefallen dran finden, leg den Fokus darauf: Es ist Dein Herz, und es findet Gefallen daran, weil es sich ERINNERN kann, dass an diesen Worten was dran ist. Was der Verstand nicht greifen kann, kann meist das Herz verstehen...

Abschließend zu diesem Thema bleibt mir kaum anderes zu sagen, als dass ich jedem von Herzen wünsche, dass er oder sie sich schnellstmöglich wieder auf das Wesentliche besinnen kann, das ALL-EINE, Alles-Was-Ist, Universum, Gott, nutze man seine Freiheit und nenne man es wie man mag, frau natürlich genauso, und so ebenso schnell wieder Eigenverantwortung übernehmen kann.

Es bringt nichts, die Verantwortung über sich selbst z.B. an Politiker abzugeben, die zwar bestimmen was ich tun und lassen darf, aber nicht die Konsequenzen dafür tragen wenn ich mir Fehltritte erlaube. Solange ich die selbst tragen muss, bleibt mir nichts anderes übrig, als auch die Verantwortung selbst zu tragen. Alles andere macht mich zum Sklaven, der hier als das Gegenteil eines freien und eigenverantwortlichen Menschen gesehen werden darf. Aber wer bin ich, irgendwem was zu erlauben oder verbieten? Seid FREI! ;)

Toleranz und Geduld

Mein Dank geht an Thomas Ba, Ayben Arzu Ö *und* Oliver Wacha*!*

Toleranz sehe ich als die Fähigkeit, Grenzen anzuerkennen. Die anderer genauso wie eigene. Bis hier geht`s derzeit, und nicht weiter.

Geduld ist derweil für mich das tollste Werkzeug geworden, um Dinge so werden zu lassen wie ich sie gern erleben möchte.

Meinen 30. Geburtstag durfte ich in der Klapse feiern, und man schenkte mir einen Spruch, der mir im Nachhinein sehr geholfen hat, mein Leben sehr zu erleichtern:

"Ich wünsche dir die Stärke, zu ändern was du kannst, die Geduld, zu tolerieren was du nicht ändern kannst, und die Weisheit, zwischen diesen beiden zu unterscheiden!"

Damals konnte mein Hirnchen noch nicht so viel damit anfangen, nach vielseitig genutzten Möglichkeiten und daraus resultierenden Erfahrungen weiß ich heute aber ganz genau, warum ich diesen Spruch an dieser Stelle rezitiere.

Im Prinzip gibt es zwei Knackpunkte an diesem Sprüchlein.
Der erste ist, die Weisheit zu finden, zwischen dem was ich ändern kann und was ich nicht ändern kann zu unterschieden.
Der zweite ist, dass in der zweiten Zeile etwas fehlt, was ich an dieser Stelle gern hinzufügen möchte, weil es alles um ein vielfaches erleichtert:
"... die Geduld, zu tolerieren was du IM MOMENT nicht ändern kannst"

Hach, wie schön war es, zu kapieren, dass nichts ist wie es ist, weil nichts BLIEBT wie es ist. Also im jeweiligen Moment ist schon alles so wie es ist. Und selig ist, wer sagen kann, dass das so auch GUT ist! Aber schon im nächsten Moment kann ALLES anders sein, und wenn man nur lange genug wartet, ändert sich ALLES! Jedes einzelne kleine Detailchen wird sich ändern. Jedes genau zu seiner Zeit. Bis auf das: Dass alles sich ändert. Das wird sich in einem sich ständig weiter entwickelnden Universum, das wir sind, auch nie ändern! Wie beruhigend!

Ich begann also mit den Dingen zu leben wie sie SIND; nämlich in permanentem Wandel. Und das war, als würde ich in einer vollständig neuen Welt leben! Ich hatte auf einmal begriffen, dass alles was ich wirklich brauchte nicht Geld, sondern Ge-DU-ld war! Und dass ich davon so viel wie nötig in mir selbst schöpfen konnte. So weit war mein Hirnchen schon mitgekommen, weil ihm gewahr wurde, dass man Geduld nirgendwo kaufen konnte, und auch nicht stehlen oder von Bäumen pflücken. Ich begriff, dass jedes Quäntchen Geduld das ich in meinem Leben aufgebracht hatte, aus mir selbst heraus kam, also irgendwo in mir geschaffen wurde. Also suchte ich nach der Quelle, und oh Wunder: es war mein Herz! Das gleiche Herz, dass auch Ungeduld hervorbringen kann, wenn es...

was genau tut? Sich vom Kopf verleiten lässt, Dinge wichtiger zu nehmen als andere, wodurch Absichten entstehen, Erwartungen... und der ganze Rattenschwanz. „Bäm". Das saß!
Die Quelle der Geduld liegt also in der Fähigkeit, ALLEN Dingen in meiner Wahrnehmung gleiche Bedeutung beizumessen. Und das Tolle ist: Wie alle Fähigkeiten die man so hat, kann man auch diese trainieren!

Parallel entwickelte ich (und deswegen packe ich diese beiden Themen in ein gemeinsames Kapitel) die Fähigkeit, Grenzen anzuerkennen; Toleranz! Mit dem eingangs gewonnenen Wissen darum, dass ich alles was ich so tolerieren kann auch nur so lange tolerieren brauche, bis ich es ÄNDERN kann! Oder noch viel besser: Es sich von selbst ändert. Manchmal hat man Gelegenheiten, was dafür zu tun dass sich was ändert, und diese Gelegenheiten sollte man definitiv nutzen. Es bringt hingegen NICHTS, irgendwas forcieren zu wollen, und mit zunehmender Geduld hat man das in der Tat auch immer weniger nötig. Forcierung ist ein

Kind der Ungeduld, die bei genauerer Betrachtung der Mangel an Trauen ins Universum ist. Treffender gesagt: in sich selbst, da man ja selbst das Universum ist. Ungeduld ergibt sich also aus dem Gefühl, dass das Universum, von dem man bisher törichterweise ausgegangen ist, es sei etwas anderes als man selbst, vernachlässigt werden könnte. Die Folge ist Unruhe, Stress, und ein Haufen dummer Dinge die man tut. "Dumm" in Anbetracht dessen, dass man sich und seinen eigenen Wünschen und deren Wahr(nehmbar)werdung im Weg steht! Paradoxer- weise entsteht auf diese Weise überhaupt erst der Eindruck, man könne vernachlässigt werden, und das ist die BASIS JEDER ANGST! Die Abwendung von - und die daraus entstehende Abwesenheit (Mangel) - der Liebe, dem Ursprung von allem was ist! Hört sich alles ganz schrecklich an, ist es aber genau genommen gar nicht. Wir erinnern uns: Das alles hier ist ein Spiel, das nur in dem trance-artigen Zustand, in den wir uns durch das Aufbauen von Programmierungen begeben haben, wie ein Kampf ausschaut, in dem es überhaupt irgendwas zu verlieren gibt.

Eine Schwester der Ungeduld, und somit ebenfalls Tochter der Angst, ist die Gier. Sie lässt uns mehr Zeit damit verbringen, unsere Felle vor dem wegschwimmen zu sichern und immer weitere Felle anzusammeln, als von den Fellen überhaupt was zu haben. Dazu bleibt dann in der Regel gar keine Zeit mehr. Wie viel Kram haben wir um uns herum stehen, der es uns mal Wert war, dafür arbeiten zu gehen und Geld dafür auszugeben? Und wie viel von dem Kram steht ungenutzt herum und verstaubt während Andere ihn brauchen könnten, und arbeiten gehen und Geld dafür ausgeben weil wir einfach zu gierig sind, um es mit ihnen zu teilen? Sind wir das wirklich? Und wenn ja, warum?

Wenn wir es sind, dann hat es wieder mit der gängigen Programmierung zu tun, und eine andere Programmierung würde es entsprechend ändern.

Wundert heute die Gier eines beliebigen Menschen, wenn die Werbung mit Sprüchen wie "Geiz ist geil!" um sich wirft und vermittelt, minderwertig zu sein, wenn wir irgendetwas Beworbenes nicht haben? Und es ist kaum verwunderlich, dass es selbst bei den Reichen zieht, oder besser: gerade bei denen, denn niemand hat wirklich das Geld, ALLES Beworbene zu kaufen, um ein vollwertiges Mitglied der Gesellschaft zu sein.

Viel schlimmer noch als die Gier nach Geld wirkt sich auf die meisten Gemüter die Gier nach Macht aus. Dabei spreche ich nicht mal unbedingt von Politik. Macht wird in dieser Welt leider nicht als die Fähigkeit gesehen, Dinge zu bewerkstelligen, was sie natürlicherweise ist, sondern vielmehr Dinge bewerkstelligen zu LASSEN! Macht hat wieder sehr viel mit Verantwortung zu tun, und auch hier gilt: geben wir die Macht über uns ab, hat sie jemand anderes. Wie töricht! Aber dennoch überaus salonfähig! Daran kann man mal das Ausmaß der Perversion sehen, die man der "normalen" Gesellschaft beimessen kann. Wir kennen es kaum anders, machen was der Chef sagt und sind dadurch gezwungen, uns an anderer Stelle zum Chef zu erheben. Irgendwo muss der Frust hin, der aufkommt wenn man nicht das tut was man will, sondern was man MUSS. Wie oft haben wir selbst Anderen schon etwas verwehrt, weil wir selbst frustriert waren und nicht verkraften konnten, dass jemand Anderes glücklich ist? Was ich wirklich tragisch finde, ist, dass es immer die Kleinsten am Schwersten trifft. Die Kinder und die Alten sind die Auffangstation für allen Frust, für den keine Eigenverantwortung übernommen werden kann. Und das finde ich einfach unfair. Mit 32 Jahren war ich dankbar dafür, mit 14 vergewaltigt worden zu sein, um überhaupt erst mal auf den Gedanken kommen zu können, dass Vergewaltigung nur in den seltensten Fällen etwas Sexuelles an sich hat. In einer Gesellschaft, die durch eine Staatsgewalt regiert wird, ist Gewalt etwas so alltägliches und akzeptiertes, dass es gar nicht mehr auffällt, wie sehr wir uns alle gegenseitig vergewaltigen. Gewalt ist jedwede übermittelte Information, die der Empfänger lieber nicht annehmen möchte. Ob das nun Befehle sind, oder Prügel, oder Anderes, über das ich im Moment gar nicht groß nachdenken möchte ist, dabei völlig egal.

Hier haben wir ein gutes Beispiel für ungesunde Toleranz: Einfach alles mit sich machen lassen. Irgendwann fiel es mir mal wie Schuppen von den Augen, warum die Deutschen alles mit sich machen lassen: Sie sind das wohl toleranteste Volk der Welt. Jedes andere würde AUFSCHREIEN, wo die Deutschen immer noch weiter fressen, was man ihnen vorsetzt.

Ich persönlich konnte das irgendwann nicht mehr mitspielen. Ich hörte auf, anderen meinen Willen aufzudrängen und fand es aus einem natürlichen Impuls heraus seither nur fair, mir auch keinen mehr aufdrängen zu lassen.

Auf diese Weise ist für mich die Toleranz zu etwas Anderem geworden, das ich viel schöner, viel harmonischer finde: Akzeptanz. Ich akzeptiere, dass die Dinge so sind wie sie sind. Dazu gehört unter Umständen, dass ich gewisse Dinge gern anders hätte als sie sind, und solange mir bewusst ist, dass alles permanenten Wandel durchläuft, kann sein was will: ich lege meinen Fokus einfach schon mal auf das, was ich lieben und genießen kann, mit dem Wissen, dass all das was ich im Moment nicht lieben kann irgendwann so sein wird, DASS ich es lieben kann.

Wenn ich einfach nur ausreichend Geduld in mir schöpfe, um es dahin kommen zu lassen, und mir bewusst bin, dass ich das Universum bin, dass durch mich meine Wünsche berücksichtigt. Wenn ich das denn tu, und nicht permanent den Fokus auf anderer Leute Maßstäbe, Fehlbarkeiten und Unzulänglichkeiten lege und mich dann auch noch dran stoße. Es deucht mir heute schon fast unnötig, so etwas überhaupt noch zu schreiben, aber ich denke mal, der ein oder andere kann`s noch genauso brauchen, wie es hier zu lesen ist <3

Über die Entstehung von Materie

Harrr! Danke, Defer C. Rains, das ist im Moment eins meiner Lieblingsthemen!

Das wirklich Interessante an diesem Thema ist, dass so viel drüber philosophiert wird, was zu KEINEM Ergebnis führt, obwohl man überall um sich herum beobachten kann wie es passiert und wie genau wir es beeinflussen. Allerdings bedarf es der Information darüber, dass Materie Schwingung ist, ohne diesen Schlüssel steht man im Dunkeln. Es ist ein wenig wie mit Elektrizität, keiner kann genau erklären wie sie genau entsteht oder was sie ist, aber alle spielen da- mit herum. Zeit, sich ein paar Gedanken darüber zu machen.

Materie ist der Stoff, aus dem der materielle Kosmos besteht. Materiell bedeutet so viel wie "für alle Beteiligten wahrnehmbar". Materie ist wie zuvor erwähnt, SCHWINGUNG, und Schwingung ist ALLES. Alles ist Schwingung. Gedanken sind Schwingung, Gefühle sind

Schwingung, Elektrizität ist Schwingung, Radiowellen sind Schwingung, Atome sind Schwingung, und wir auch. Das braucht man nicht glauben, vor allem nicht mir, sondern das kann man beobachten. Man kann es mit all seinen Sinnen aufnehmen, braucht keine weiteren Messgeräte, alles ist in uns. Die höchste Schwingung ist die Liebe, aus der alle anderen Schwingungen hervorgehen und alles entstehen lassen was wir wahr nehmen können.

Vergleichen kann man es mit einer Fernsehstation die unendlich viele Programme aussendet. Alles was wir wahrnehmen können ist jederzeit DA. Immer, auch wenn gerade kein Empfänger es empfängt. Wahrgenommen wird alles aber nur, wenn es angewählt und beobachtet, also wahrgenommen wird. Das erklärt sich irgendwie in sich selbst.

Jede Schwingung steht immer zur Verfügung, und kann nach Belieben angezapft werden. Wie bei einem Fernsehprogramm ist jedoch die Schwingung allein nicht alles was wir wahr nehmen, sondern dazu gehört die jeweilige Interpretation des Empfängers. Was sich darin zeigt, dass man, wenn man gemeinsam etwas anschaut, das in sich zweifelsfrei aus ein und derselben Schwingung besteht, einen Apfel etwa, oder die Zahlen 9-11, die unterschiedlichsten Wahrnehmungen darüber haben kann. Dem Einen wird gefallen, was er sieht, dem Anderen nicht.

Unser Gehirn kann immer nur greifen und verstehen, also interpretieren, was es schon kennt. Um neue Dinge erkennen zu können, muss es sie erst kennen lernen, das bedeutet, sie so lange beobachten, dass es ihre Wirkung und ihren Sinn erkennt, um sie neu deuten zu können. So wird aus einem undefinierbaren Kasten ein Computer, wenn sich jemand davor setzt, ihn anschaltet und ich ihn dabei beobachten kann wie er ihn bedient und was er Tolles damit machen kann.

Greifen lässt sich immer nur eine Wirkung. Wenn wir das Wechselspiel zwischen Ursache und Wirkung, die Kausalität gut im Auge behalten, können wir schlussfolgern, wie Eines sich zum Anderen entwickelt, aber letztlich können wir eine Ursache, die Wirkung einer Ursache ist, nicht erkennen, bis die Wirkung sich zeigt. Wer meint, er könne alles vorher sehen, erlebt so manche Überraschung und wird eines Besseren belehrt. Etwas was wir nicht kennen, können wir uns nicht vorstellen, sprich wir können den Sender nicht anwählen und selbst wenn wir es können, verstehen wir nicht was er sendet. Weil die nötige Erfahrung fehlt, sie zu interpretieren. Also interpretiert unser Gehirn solche Schwingungen mit dem was der Erfahrungsschatz bietet. Anders geht es nicht.

Anderes Beispiel zur Veranschaulichung:
Ein DVD-Player, der .avi-Dateien nicht lesen kann weil er nicht entsprechend programmiert ist, wird sie nicht abspielen. Selbst wenn er alle anderen Formate lesen kann, und vielleicht so gut programmiert ist, dass er versucht sie trotzdem zu lesen, und einfach auf dem Bildschirm ausgibt was er liest, werden wir den Film nicht gucken können. Vielleicht gefällt uns was er ausspuckt, aber der Film wird es nicht sein.

Ich vergleiche die Materie sehr gern mit diesen modernen Gerätschaften, weil sie Materie eigentlich kopieren, und zwar audiovisuell. Man stelle sich vor, Fernseher könnten nicht nur Bild und Ton ausgeben, sondern auch einen Output für Nase, Mund und Tastsinn bieten. Wie fesselnd und real würde der Film sein, wenn wir allein durch audiovisuelle Stimulation schon anderthalb Stunden in der Lage sind, konzentriert unsere Augen auf der Leinwand im Kino zu halten?

Im Prinzip ist die Materie nichts anderes. Sie ist eine 6-sinnige Simulation dessen, was wir an Schwingungen empfangen. Und zwar nach den Möglichkeiten, die wir bisher zu interpretieren gelernt haben. Sie ist ein Holodeck, auf dem diese ganze Welt erlebbar wird. Sich selbst darf man dabei getrost wie eine Spielfigur wahrnehmen, die nichts Weiteres kann, als sich "durchlaufen" zu lassen, zu erleben was kommt und es bestenfalls zu genießen (oder eben nicht). Gesteuert werden wir dabei aber nicht von irgendwem oder gar Maschinen oder etwas Bösem, sondern von uns selbst, dem Universum, oder Gott. Nenne man es wie man mag. Auf diese Weise hat Gott die Möglichkeit geschaffen, sich durch jeden einzelnen selbst zu erfahren, in Interaktion mit jedem anderen seiner Aspekte, die wir sind. Die Erfahrung von ALLEM findet in der Materie statt, der Erlebniswelt die eben NICHT fest ist, sondern Schwingung, und der auch Gefühle und Gedanken angehören. Alles was durch die Wahrnehmung erfahrbar ist, ist in der Materie erfahrbar, der Matrix, die genau dazu geschaffen wurde. Und in ihr ist ALLES möglich. Bis auf temporär die Dinge, die wir individuell durch unseren Verstand ausblenden und so für unmöglich halten. Und das Brechen gewisser universeller Gesetze. Das ist auch nicht möglich. Menschen können nur Gesetze brechen, die Menschen geschaffen haben, deswegen können Hummeln auch fliegen.

Das Ganze findet zu aller nötigen Verwirrung auch noch im Hier und Jetzt statt, einer Raumzeit ohne Grenzen, endlos und ewig. Dazu in einem anderen Kapitel mehr...

SO. Das als kleinen Einstieg. Ich halte den Rest so kurz wie möglich, rege an dieser Stelle aber an, sich in der nächsten Zeit was mehr für dieses Thema zu interessieren und sich offen(herzig) mit Anderen darüber auszutauschen. Experimentieren verhilft zu effektiveren Ergebnissen als Philosophieren.

Wir können uns jeden Tag dabei beobachten, wie wir die Materie nach unseren Vorstellungen (und nicht zwangsläufig nach unseren Wünschen) beeinflussen und formen. De facto konnten wir nie was anderes, wir haben nur unsere Aufmerksamkeit so sehr ins Detail versenkt, dass wir das Konstrukt gänzlich vergessen haben. Das Gute an Vergessenem ist: man kann sich wieder daran erinnern. Und wenn man gegenwärtig mal um sich schaut, tun wir das wohl gerade ebenseitig. Diese Zeilen hier sind nichts weiter als ein Teil dieses Erinnerungsprozesses.

Ich schrieb im letzten Absatz dass wir die Materie nicht zwangsläufig nach unseren Wünschen formen, aber paradoxerweise ist es doch so. Innerhalb der Materie sieht es oftmals anders aus, aber außerhalb der Materie, wo wir als Seelen an den Controllern sitzen, erleben wir genau das was wir uns erleben lassen. Zumindest suchen wir frei die Aufgaben aus, die wir erleben und meistern wollen, und zum Erleben gehört auf dieser Ebene auch, Leiden zu empfinden. Aber keine Sorge, das dient dazu, am Ende genau zu wissen, wie man es NICHT macht! Oder besser: Das Leiden verliert zusehends an Schrecken, je mehr wir uns erinnern, was wir hier eigentlich machen. Und was wir hier machen, können wir wiederum den ganzen Tag beobachten. Beobachten allerdings, ohne zu werten. Wir wollen nicht bewerten was wir hier machen, sondern die Dinge so sehen wie sie sind, das Bewerten führt wieder gemäß der Interpretationsmöglichkeiten zu einem sehr verwaschenen Bild.

Ich schreibe hier und jetzt diese Zeilen, die Du an anderer Stelle, aber im selben Hier und Jetzt liest. Ob das gut oder schlecht ist, lassen wir mal einfach außen vor. DAS tun wir gerade. Und alle Anderen tun was sie tun. Will man wissen was es ist, darf man nicht versuchen, die Beweggründe für ihr Handeln zu verstehen, es reicht zu verstehen, dass jede Wirkung eine Ursache hat, und so niemand die Möglichkeit hat, irgend- was ohne Grund zu tun. Grund kann man übersetzen mit Ursache oder SINN, und es ist viel erbaulicher, die Wirkung einer Aktion zu sehen, deren Grund ich dann auch kenne, als nach der Ursache der selben Aktion zu suchen, die ich nicht mitbekommen habe, und die auch keine weitere Rolle mehr spielt, weil ja im Hier und Jetzt die Wirkung gerade vor unserer Nase liegt.

Ich denke es ist gar nicht nötig, jetzt weiter auf dieses Thema einzugehen. Der Verstand wird das alles sowieso nicht gleich greifen können, aber Dein Unterbewusstsein hat alle nötigen Informationen aufgenommen, damit Du in der näheren Zukunft die nötigen Erfahrungen machen kannst, damit Dein HERZ versteht. Der Verstand kann wie gesagt nur greifen was er sehen kann, also zeig ihm was er bisher nicht sehen konnte. Fang an zu beobachten. Auf diese Weise bist Du Deinem höheren Selbst näher als Du es jemals warst. Und wirst auch das DANN erst erkennen können. Meine Liebe ist mit Dir, und ich stehe jederzeit zur Verfügung, um diese Thematik weiter zu erörtern, bis jeder Klarheit darüber hat, der sie sich wünscht.

Wie hört man das alltägliche Gemecker auf?

Gute Frage, danke an Viva la Vida*!*

Nun... am Besten, indem man das alltägliche Genießen beginnt. Doch es macht Sinn, zuerst mal zu begreifen woher das alltägliche Gemecker kommt. Letztlich sind es gar nicht wir, die meckern, sondern unsere Programme. Schuldig fühlen ist hier allerdings genauso unangebracht, wie die Verantwortung jemand anderem zuzuschieben. Andere haben uns die Programme zwar vermacht, aber wir haben sie angenommen, und das ist auch gut so. Auch gut, ist zu lernen, wie man sie wieder ablegt.

Die Programme basieren immer auf Wertsystemen. Wir können dabei innerhalb der Möglichkeiten der Dualität aussuchen, welchen Standpunkt wir vertreten, aber solange uns nicht klar ist, dass die Dualität eine EINHEIT bildet, und ALLE Standpunkte gleichwertiger Teil einer Betrachtungsweise sind, und sie sich nicht widersprechen, sondern eben ergänzen, sehen wir auch nur die Hälfte und mosern rum weil es scheint, als sei das Andere nicht da. Rechts und links ergänzen sich genauso wie oben und unten, und das ist in der Politik genauso wie auf der Landkarte.

Weil wir so aber nie ganzheitlich sehen, und so überwiegend Mangel wahr nehmen, sind wir unzufrieden und werden ungeduldig. Durch den daraus entstehenden Stress sind wir genervt und fangen an zu meckern. Und das kann leicht zu einer Gewohnheit werden. Tun wir das zu oft, gewöhnen wir uns allzu sehr an die Ausdrucksweise und wenden sie auch dann an wenn wir innerlich eigentlich gar nichts zu meckern haben, was von Anderen im Umfeld aber wieder wie Gemecker aufgenommen wird, weil sie es nicht gewohnt sind, es anders zu interpretieren. Dadurch sind die Anderen dann gestresst, was sich unweigerlich wieder auf uns überträgt.

Ablegen kann man das Ganze, indem man anfängt die Welt mit neuen Augen zu betrachten: Ganzheitlich, wertfrei und lösungs-orientiert. Man kann sich fühlen wie im Wunderland, als Kinder haben wir das auch sehr oft noch genauso getan. Was hatten wir große staunende Augen, und es waren die gleichen, die unsere Kinder heute auch noch beizeiten zeigen. Es ist keine wirkliche Kunst, Dinge einfach mal so hinzunehmen wie sie sind, es ist nur nicht üblich es zu tun.

Wenn ich verstehe dass alles was passiert ein Teil des Ganzen ist, und das Ganze jenseits von Gut und Böse steht, und die Dinge nur durch unsere Wertungen gut oder böse werden, kann ich in allem was passiert einen Sinn entdecken. Alles was ist wird in meiner Wahrnehmung zu dem was ich draus mache. Im Ganzen wird GOTT so in meiner Wahrnehmung zu dem was ich draus mache: Etwas oder jemand an den ich glauben oder den ich anzweifeln kann, jemand den ich als etwas von mir Getrenntes oder immerwährend mit mir Verbundenes oder als mich selbst sehen kann. Bestimmen tut das keine Kirche, kein Umfeld, und letztlich auch kein Programm, letztere können das nur, wenn sie sich unbemerkt einschleichen, sondern ICH SELBST!! Genauso entscheidet niemand außer mir, ob ich herumnörgle oder nicht. Wenn ich das wirklich nicht will, und mich darauf konzentriere, andere Alternativen dazu zu finden, führt das unweigerlich dazu, dass ich welche finde! Und die brauche ich erst mal, um was anderes machen zu können.

Ich weise bei solchen Gelegenheiten immer gern auf die Dankbarkeit hin, mein geliebtes Allheilmittel für alles! Ich fühle mich beim Nörgeln inzwischen vor allem deshalb immer unwohl, weil ich mich in diesen Momenten undankbar fühle. Und ich habe innerlich offensichtlich ausreichend verstanden, dass ich dazu keinen wirklichen Grund habe. Bei allem was ich so erleben darf, ist Undankbarkeit so ziemlich das Vermessenste was ich mir gerade persönlich vorstellen kann. Sobald mir das gewahr wird, merke ich wie meine Tonlage sich wieder ändert und innerer Frieden und Ruhe in mir einkehren, alle Erwartungen verpuffen und ich wieder das vor Augen habe was ist: nämlich das was ist, und das als etwas was ich HABE! Zeigefinger drauf und "brauchbar" rufen, wenn "schön" noch nicht möglich ist. Brauchbar ist auf jeden Fall schon mal angenehmer und definitiv kein Grund zum Nörgeln. Meist dauert es nach diesem Los-Lassen keine paar Momente, und ich sehe einen Sinn in dem, dem ich bis kurz zuvor bei aller Liebe keinen Sinn hätte beimessen können. Wie auch, wenn ich mich vorher eher dagegen gestellt habe. Alles wogegen ich mich stelle, nehme ich aber vorwiegend und vor allem wieder als etwas von mir Getrenntes wahr. Also rein damit ins ICH und weiter im Text.

- Tag 2 -
13.12.11

Selbst-Reflektion

Inspiriert durch meine weibliche Hälfte, Daniela Binder, *vielen lieben Dank!*

Ach, was waren das noch für Zeiten, in denen man blindlings durch die Welt lief, sich von allem was man sah getrennt fühlte, Schönes einfach hinnehmen und genießen konnte, und Unschönes genauso einfach Anderen in die Schuhe schieben. Man hatte seine Feindbilder genauso wie Götzen, die man anbetete, und bei allem was man wahrnahm war man es gewohnt, Andere dafür verantwortlich zu machen. Lob steckte man gern in die eigenen Taschen, Tadel gab man nach Belieben weiter Andere. Sollten die sich doch damit beschäftigen. Es war eine Welt des Rauf und Runter, man hatte seine guten Zeiten und seine schlechten, und Eigenverantwortung war ein Fremdwort, das so wenig geläufig war, dass man es nicht mal im Duden nachgeschlagen hat. Man kam schlichtweg nicht auf den Gedanken, dass alles was man erlebt mit einem selbst, und NUR mit einem selbst zu tun hatte.

Dann trafen wir vor ein paar Jahren auf Menschen, die uns zeigten und immer bewusster werden ließen, dass sie uns "spiegeln", was vor allem unangenehm bei den negativeren Dingen auffiel. Das Wort "Spiegel" bekam langsam aber sicher eine vollständig neue Bedeutung. Gerade die, die wir stellenweise "doof" fanden, hielten uns dann grinsend unter die Nase, dass sie nur unsere Spiegel sind, und dass wir nicht sie doof finden, sondern Aspekte unserer Selbst, die uns am Anderen störten, in uns selbst doof fanden. Langsam dämmerte, was das Ego in uns ist, und zunächst sah es so aus, als müssten wir jetzt dieses bekämpfen und am besten vernichten. Unangenehm war es, ja, aber bei genauerer Betrachtung war es das nur, weil es ungewohnt war!

Heute erkennen immer mehr Menschen, dass nicht nur einzelne Andere, die wir stellenweise doof finden, Spiegel unserer eigenen Selbste sind, sondern ALLES was wir wahr nehmen. Manchmal frage ich mich ernsthaft, oder bin fast überzeugt davon, dass die Erfindung des physischen Spiegels, in den wir im Badezimmer gucken können, nur deshalb Teil unserer Welt geworden ist, um uns vergessen zu lassen, dass ALLES ein Spiegel ist. Wenn man drüber nachdenkt, bewirkt das nämlich sehr effektiv *Trennung*! Unsere komplette als "Außen" wahr genommene Umwelt ist nichts weiter als der Spiegel des Innern. Je mehr man hinschaut, desto deutlicher zeigt es sich, und wird sogar immer logischer erklärbar.

In meiner Wahrnehmung war es so, dass ich, nachdem ich mich kurz vor meinem 30. Geburtstag freiwillig in stationäre psychische Behandlung einweisen ließ, mit schweren Depressionen und kurz vorm Burnout, wenn nicht schon mittendrin, langsam anfing zu Begreifen, dass mit meiner Wahrnehmung etwas nicht stimmte. Im Krankenhaus hatte ich das erste Mal in meinem Leben nicht nur ausreichend Zeit, mir über mich und mein Leben Gedanken zu machen, sondern ich wurde auch noch explizit dazu aufgefordert, das zu tun. Im Nachhinein hab ich fast den Eindruck, ich habe diese Aufforderung wörtlicher genommen als sie gemeint war.

Irgendwas stimmte in der Tat gewaltig nicht. Das Erste was mir auffiel war, dass ich mich erinnern konnte, in der zweiten Klasse in die Steckbriefbücher meiner Mitschüler/innen unter dem Punkt "Wenn ich mal groß bin will ich werden:" Dinge geschrieben hatte wie Erfinder, Architekt, Pilot. Aber jetzt, wo ich 30, also langsam das war, was man in Kinderaugen "groß" nennt, nichts von dem war, sondern ein Sozialfall in der Klapse. Zu dem Burnout und den Depressionen kam nach einem 2-minütigen Aufnahmegespräch eine Diagnose namens "Borderline Persönlichkeitsstörung" - wie ich kurz darauf später erfuhr, angeblich unheilbar - und die Tatsache, dass ich über die Einweisung mein Tattoostudio, meine Wohnung, meine 2. Frau, meinen Internet-Zugang, mein Auto, mein Leben verloren hatte. Ich fühlte mich auf gut Deutsch gesagt so richtig "im Arsch"!

Irgendwas hämmerte zunächst in mir, dann dämmerte es. Irgendwas in meiner Wahrnehmung und wie ich die Welt sah *konnte* nicht stimmen, und irgendwann kam dann der Punkt, an dem ich erkannte, dass ich keine Ahnung hatte, was das war. Ich glaubte so viel zu wissen, viel von dem was ich als Wissen weiter gab hatte ich mir auch einfach ausgedacht, weil es klug oder schön klang, und darüber hinaus war mein Leben in meinen Zwanzigern zu einem einzigen Lügenkonstrukt geworden, vor dem ich jetzt stand. Ich hatte meine Frau belogen und betrogen, meine Freunde und am meisten mich selbst. Ich fühlte mich mieser als je zuvor. Und am meisten fraß in mir der Gedanke, dass ich irgendwas auf den Leim gegangen war. Dass irgendwas nicht stimmte, und ich keine Ahnung hatte, was genau es war. Im Nachhinein bin ich sehr froh, dass ich mich zu der Zeit in diesen Zustand befördert hatte, sonst wäre NIE die Notwendigkeit in mir entstanden, das nun Letztmögliche und eben Not-wendige zu tun:

Mir blieb nichts anderes möglich, als ALLES was ich zu kennen oder zu wissen glaubte, in Frage zu stellen. Alles, weil ich wusste dass ich irgendwas völlig falsch verstanden haben musste, aber keine Ahnung hatte, was genau es war. Eines Abends saß ich mit meinem

Laptop im Gruppenraum der Station, und weil er schon ein wenig lief, und langsam immer langsamer wurde, entschloss ich mich, ihn neu zu starten. Während ich das tat, wurde mir immer bewusster, dass ich genau DAS mit meinem Leben auch mal tun sollte. Einen kompletten Reset, am besten ein völlig neues Betriebssystem aufspielen. Auf einmal konnte ich in dem Umstand, dass ich Alles verloren hatte etwas Positives sehen. Da ich nichts mehr hatte, hatte ich nichts mehr zu verlieren, aber dafür FREIE HÄNDE. Es war nichts mehr da, an das ich mich noch hätte klammern können, jeder Halt in meinem Leben war verschwunden, und ich war völlig auf mich gestellt. Immer mehr gefiel mir dieser Zustand, und in mir erwachten neue Lebensgeister. Zu der Zeit fing ich an, in mir ein Spielchen zu spielen, das mir sehr geholfen hat, nicht nur mit meiner Situation zurecht zu kommen, sondern auch meine Augen zu öffnen und einen klareren Blick auf die Dinge zu bekommen:

Ich spielte, ich sei ein „Alien" auf diesem Planeten, ich schloss kurz die Augen, wenn ich es spielte, und stellte mir vor, ich sei fremd auf diesem Planeten, hatte zwar einen einheimischen Körper, und sprach auch die Sprache der Bewohner, konnte sie aber genauso wenig verstehen wie alles andere um mich herum. Meine Aufgabe war, so viel wie möglich über das Leben auf diesem Planeten zu erforschen, meine Aufgabe war aber das BEOBACHTEN, nicht das Interpretieren dessen was ich wahrnahm. Ich hatte damals schon begriffen, dass nicht das was ich beobachtete mein Problem war, sondern WIE ich es wahr nahm. Ausdrücken konnte ich das allerdings noch ein Weilchen nicht. Es dauerte nicht lange, da brauchte ich das Spiel nicht mehr durch Augen schließen, sammeln und dann Augen wieder öffnen einzuleiten, sondern war 24 Stunden am Tag in diesem Modus. Und: erstmals nahm ich mich selbst als zentrale Schlüsselfigur in meinem Leben wahr. Ich entdeckte völlig neue Dinge, WESENTLICHE Dinge, allgemein gültige Dinge, die einen großen Unterschied in meiner Wahrnehmung zu dem machten, was ich vorher so erlebt hatte. Erstmals wurde mir völlig bewusst, dass NIEMAND außer mir die Welt so wahr nahm wie ich. Man hatte mir vorher schon oft gesagt, ich lebte in meiner eigenen kleinen

Welt, und ich erinnere mich, dass ich das damals als etwas Negatives verstanden hatte, gemäß der Form und des Ausdrucks, mit dem man mir es kommunizierte. Ich fühlte mich von denen, die es mir sagten ausgeschlossen, nicht verstanden und als verrückt gesehen. Durch meine Beobachtungen konnte ich erkennen, dass es auch genau so war wie sie es sagten, aber nicht wie sie es MEINTEN. Sie meinten nämlich, *sie* würden NICHT in IHRER eigenen kleinen Welt leben, und ich erkannte langsam, dass jeder einzelne immer nur in seiner eigenen kleinen Welt leben *kann*. Seiner eigenen Wahrnehmungskugel, wie ich es heute ausdrücken würde. Mir wurde klar, dass wenn 10 Menschen sich über einen Frosch unterhalten, in allen 10 Köpfen ein anderes Bild eines Frosches zu finden war, der eine grün, der andere rot, der eine niedlich, der andere giftig. Und so war es nicht nur bei Fröschen, sondern so ist es bei ALLEM gewesen. Das war so ziemlich der Knackpunkt, der mein Leben maßgeblich ändern sollte.

Nach sechs Wochen sagte man mir, ich sei so weit, wieder in die Welt hinaus zu gehen, da ich aber keine Wohnung hatte, gab man mir Zeit, eine zu suchen, und so wurde ich nach acht Wochen stationärer Behandlung wieder entlassen, um ein paar Monate zu versuchen, allein zurecht zu kommen und dann eine 3-monatige Therapie in der Tagesklinik anzutreten.

Als ich die Klinik mit meinem Gepäck verließ um in meine erste wirklich eigene Wohnung zu ziehen, hatte ich das Gefühl, durch die Tür nicht die Klapse zu verlassen, sondern das wahre Irrenhaus zu betreten. Eine Welt voller Menschen die meinten sie würden in einer gemeinsam gleich wahrgenommen Welt leben, sich dabei aber stritten, bekämpften, zerfleischten. Ich war auf einer Mission.

Als man mir die Persönlichkeitsstörung diagnostizierte und sagte sie sei unheilbar, fragte ich ob bewiesen sei, dass sie unheilbar sei, oder ob man einfach bisher nur keine Heilung gefunden habe. Ehrlich und wahrheitsgemäß antwortete man mir, es könne natürlich sein, dass es eine Heilung gebe, man aber gegenwärtig keine kenne. Das reichte mir völlig aus um meinem neu gewonnenen Leben eine erste Aufgabe zu geben: Wenn dieser Hammer schon über meinem Kopf kreiste, sollte mein Leben nun im Zeichen der Findung einer Lösung für dieses Problem stehen. Ich war wirklich überrascht, dass ich sie bereits 2 Monate später in der Hand hielt, und konnte kaum glauben dass es so einfach war.

Zur Erklärung für die unter Euch, die keine Ahnung haben was man unter Borderline versteht: Diese "Krankheit" beruht auf 9 diagnostischen Punkten, von denen es heißt, es sei "normal", 2-3 davon zu haben, die habe jeder, aber ab 5 hat man die Krankheit, und ich hatte 8! Und.. die *hatte* ich auch! Jeder der mehr über die Diagnose wissen möchte oder eventuell eine Ahnung hat, dass er selbst oder ein Bekannter/Verwandter betroffen sein könnte, kann sich im Internet darüber informieren, was genau zur Diagnose gehört, hier möchte ich mich der Heilung widmen. Innerhalb der 3 Monate „Therapie-Pause" erkannte ich nämlich, dass ein ganz bestimmter Umstand dazu geführt hatte, dass ich so viel zu erleiden hatte: Ich hatte bis dahin immer versucht, Anderen gerecht zu werden, alle um mich herum zufrieden zu stellen, beliebt zu sein, hatte ein stetes Bedürfnis, mich in den Mittelpunkt zu drängen und suchte im Außen nach Anerkennung. Während ich mich innerlich gänzlich verkümmern ließ. Meine Träume, meine Wünsche, alles ließ ich hinten anstehen, und das kleine Kind in mir verhungern und verkümmern. Mir wurde klar, dass das mit dem Glücklich-Sein SO nicht funktionieren konnte, und fing an, mich auf mich selbst zu besinnen, alle anderen mal alle anderen sein zu lassen, und mir das Recht zu nehmen, mich selbst an die erste Stelle meiner Prioritätenliste zu setzen. Ich verstand, dass ich für Andere nur eine Belastung sein konnte, solange ich nicht dafür sorgte, dass es mir gut ging, und mich dabei ständig auf Andere verließ, die das Ganze aber genauso angingen wie ich zuvor: den Maßstäben anderer gerecht zu werden und dem Außen zu gefallen. Da war also NIEMAND, auf dessen Prioritätenliste ich oben stand, zumindest nicht für lange. Ich sah auf einmal klar, warum auf diese Weise NIEMAND irgendwo auf einer Liste ganz oben stand, und nun wusste ich, was in dieser Gesellschaft verrückt war: Die Prioritätenlisten! Ich erkannte, dass ich nur eine Bereicherung für mein Umfeld sein konnte, und somit Anderen und mir selbst DIENLICH, wenn ich SELBST dafür sorgte, dass es mir gut geht, und dieses Gefühl von gut gehen auch nur dann an Andere weiter geben kann, wenn ich selbst es in mir trage. Und das war wieder etwas allgemein Gültiges. Ich wusste, dass wenn es jeder so handhaben würde, JEDER auf einer Prioritätenliste ganz oben stehen kann, und dass dann alle eine Bereicherung für ihr Umfeld sind. Und ich sah, wie die ganze für mich wahrnehmbare Welt ein Verhalten an den Tag legte, die genau DAS so gut wie unmöglich machte. Allerdings auch nur so gut wie.

So erkannte ich auch, woher die 9 diagnostischen Punkte der Borderline-Persönlichkeitsstörung kommen, und dass das vor allem nicht im Geringsten was mit Persönlichkeit zu tun hatte, sondern viel mehr mit Verhalten. Das half sehr, denn wie ich meine Persönlichkeit ändern konnte war mir sehr schleierhaft, doch wie ich mein Verhalten ändern kann, das wusste ich. Schließlich habe ich es ständig getan, um Anderen zu gefallen. Nun musste ich es einfach so tun, dass ICH mir gefiel. Der einzigen Person, die ich bis heute kennen gelernt habe, der ich es jederzeit zu 100% recht machen kann.

Ich trat meine 3-monatige Therapie in der Tagesklinik an, und wurde nach 3 Wochen bereits wieder entlassen. Ich erinnere mich, wie meine Therapeutin mich nach einem Einzelgespräch mit großen Augen anschaute und mich fragte: "Sie wissen, was die Lösung für ihre Probleme ist, oder?". "Ja," sagte ich, und musste in diesem Moment verschmitzt an Jack Sparrow im *Fluch der Karibik* denken, "ja, ICH weiß es ganz genau!".

Ich verließ die Klapse also ein weiteres, letztes Mal, diesmal nicht mehr mit dem Gefühl, das wahre Irrenhaus zu betreten, sondern MEINE EIGENE KLEINE WELT!

Meine Wahrnehmungskugel, die der Spiegel meines Inneren war. Ich hatte eine neue Mission, in einer anderen Welt. Nicht mehr einer äußeren, sondern einer inneren, und dennoch auf dem gleichen Planeten wie zuvor. Und die Mission war, diese zu erkunden und Ihre Möglichkeiten zu nutzen zu beginnen. Bereits nach ein paar weiteren Monaten hatte ich mein Verhalten in der Weise umtrainiert - besser gesagt: umgewöhnt – dass von meinen 8 diagnostischen Punkten exakt 0 übrig waren, und ich lernte eine Lebensqualität kennen, die ich mir vorher nicht im Ansatz hätte vorstellen können.

Ich schraubte meine Ansprüche auf ein Minimum, lernte LIEBEN als etwas zu verstehen, das mit Geben, Gönnen können, und Bedingungslosigkeit zu tun hatte, und konnte sie erstmals auch auf mich selbst anwenden. Ich fing an, die Menschen um mich herum zu respektieren, indem ich ihnen die gleiche menschliche Fehlbarkeit zusprach, die ich von mir selbst ja auch nur zu gut kannte, und uns alle als lernende Wesen zu begreifen, mit denen ich nicht mehr hart ins Gericht zu gehen brauchte. Und immer bewusster wurde mir, dass ich IMMER genau auf die traf, die mir gerade weiter helfen konnten, meine Themen zu bearbeiten. Das war vorher nie anders, ich konnte es vorher nur nicht sehen. Immer bewusster wurde mir auch, dass ich selbst es war, der sie anzog, und so machte sich nach und nach immer größere Ruhe in mir breit. Ich wurde selbstbewusster, liebender, und vor allem viel viel glücklicher als ich es jemals vorher war. Ich fing an, das Internet zu nutzen, nicht mehr um mir Pornofilmchen reinzuziehen, sondern um mich inspirieren zu lassen und Andere zu inspirieren, mich mit anderen zu vernetzen, die auf einem ähnlichen Weg waren. Ungefähr 2 Jahre verbrachte ich mehr oder weniger auf meinem Sofa, kiffte gediegen, aber so, dass ich weiter an meinen Forschungen arbeiten konnte, schaute immer weniger Mainstream-TV, suchte mir dafür immer mehr meine eigenen Denkanstöße aus dem Internet und bei meinen Freunden.

Was mir an dieser Stelle durch den Kopf geht, weil es damals eine große Nummer für mich war: Ich stellte mich meinem Lügenkonstrukt, ging zu denen, die ich belogen und betrogen hatte, und beichtete. Das war glaub ich in meinem Leben das Erleichterndste, Intensivste, und - aber auch erst im Nachhinein – das Schönste was ich je erlebt habe. Ich stellte mich mir selbst, bewusster denn je zuvor. Und erfuhr Vergebung! Man trug mir nichts nach, sondern ließ mich Dankbarkeit und Erleichterung dafür spüren, dass ich stark genug war, endlich ehrlich zu sein. Es ist nicht wirklich so, als hätten die Belogenen sich nicht belogen gefühlt. Ich konnte so gut lügen, dass ich selbst den Schwachsinn glaubte, den ich verzapfte, und mir sogar vormachen konnte, dass die Anderen es auch glauben, aber aus heutiger Sicht weiß ich, dass ich immer schon ein – wenn auch eifriger, aber -schlechter Lügner war. Wirklich überrascht war letztlich niemand über meine Kellerleichen.

Siebeneinhalb Jahre sind inzwischen vergangen, und ich habe mich in meiner eigenen kleinen Welt sehr gut eingelebt. Ich fühle mich wohl hier, und schau ein wenig lächelnd auf die, die immer noch meinen, sie würden in etwas Anderem leben als in der Ihren, liebevoll, und wohl wissend, dass auch sie es irgendwann begreifen werden. Inzwischen habe ich mich noch von viel mehr verabschieden können als von meinen 8 sogenannten Borderline-Punkten, ich freue mich, dass meine Welt frei ist von Hass, Neid, Fremdbestimmung, Streit, Krieg, Sorgen, Problemen, jeder Form von MUSS, Stress, Habgier, Verständnislosigkeit, Fragen über Fragen und hirnzermarternder Philosophiererei über das Leben. Derweil kann ich mich mit immer mehr Bewohnern ihrer eigenen kleinen Welten darüber austauschen, was in diesen Welten so alles wahrgenommen werden kann und wird, und habe dadurch so etwas wie Kenntnis über das Universum bekommen. DAS ist die Welt in der wir alle nicht nur gemeinsam leben, sondern die Welt, die wir alle zusammen bilden. Und das geht weit über die Bewohner der Erde hinaus. Und diese Welt, dieses Universum, das eigentlich ein Multiversum ist, muss man erst mal als solches wahr nehmen können. Das funktioniert aber nicht mit altbekannter Denkweise. Das funktioniert nur, wenn man gelernt hat, FREI zu denken, frei von all dem oben Genannten, was ich in meiner Welt nicht mehr habe, und das so meinen Blick und meine Denkweise nicht mehr trübt und einschränkt.

Seit ich beobachten und feststellen konnte, dass das was ich im Außen wahrnehmen kann nichts weiter ist, als der Spiegel meines Inneren, konnte ich auch immer mehr beobachten, wie sich nach und nach dieses Äußere änderte, und was genau ich tat um es zu ändern. Und ich erkannte, dass ich in meinem Leben gar nichts anderes tun konnte, als zu beobachten, zu ERLEBEN, denn dafür ist es da. Das war wiederum sehr beruhigend, und ich konnte mich immer gelassener zurück lehnen und mein Leben anschauen. Vor allem die jeweilige Stelle, die gerade vor meiner Nase ablief. Ich erkannte immer mehr die Zusammenhänge zwischen meinem Verhalten und dem, was es hervorbrachte, und lernte so, mein Schicksal zu lenken, das Buch meines Lebens BEWUSST selbst zu schreiben. Es ist nicht so, dass es jemals anders gewesen wäre, der Unterschied ist lediglich, dass es mir heute BEWUSST ist. Und um nichts anderes geht es in der heutigen

Zeit, in dem Wandel, der überall um uns herum und immer deutlicher spürbar stattfindet: Wir werden uns unserer Selbst und der Dinge die wir erleben BEWUSST!

Als die Zeit reif war, einen ganz bestimmten Menschen zu treffen, lernte ich Daniela kennen. Das ist laut Kalender gerade mal zwei Monate her, fühlt sich allerdings eher an wie 4 Jahre. So intensiv ist die Zeit, so voll von bewussten Momenten, dass schon so viel passiert ist, wie andernorts und zu anderen Zeiten mit anderen Menschen in einem eben wesentlich größeren Zeitraum. Aus diesem Grund scheint für viele Menschen auf diesem Planeten gerade die Zeit immer schneller zu werden. Faktisch existiert die Zeit gar nicht, auch sie ist ein Hirnkonstrukt, genau genommen wird auch gar nichts wirklich schneller, wir bekommen nur immer mehr bewusst mit. Das zeigt sich irgendwie auch im Ebenteil: Ein Tag ohne Sex fühlt sich an wie eine Woche ohne :D

Daniela ist der Gipfel meiner Selbst-Reflektion, deutlicher hat mich noch nie jemand in meinen Spiegel sehen und ihn wahr nehmen lassen. Und das gleich aus mehreren Gründen:

Zum Einen war es ein wundervolles Spektakel als wir uns trafen, ich nach ein paar Tagen wohligen und liebevollen Zusammenseins fast schockiert feststellte, WARUM sie mir so bekannt vorkam. Ich schaute ihr in diesem Moment tief in die Augen, und wie ein Schlag traf es mich, als ich erkannte dass ihre Augen mich an MICH SELBST erinnerten. Einen bewegenderen Moment hab ich glaub ich vorher nicht erlebt. Das hat mich so umgehauen, dass ich heute noch damit beschäftigt bin, es so richtig zu fassen. Schnell erkannten wir, was es damit auf sich hatte. Im Internet lasen wir etwas, was für uns beide vorher nicht greifbar war, wir hatten von Seelenzwillingen oder Zwillingsseelen gehört, konnten aber mangels passender Erfahrungen damit nichts anfangen. Heute wissen wir, FÜHLEN es in allen Poren, dass wir ein und dieselbe Seele sind, sie die weibliche Manifestation und ich die männliche bin. Wir sind EIN GANZES, und ergänzen uns in einer

Form wie ich es vorher nie erlebt habe. Deutlicher kann man sich selbst im Außen nicht sehen, nicht mal im Spiegel im Badezimmer. Es ist mir unmöglich geworden, sie anzuschauen und dann zu vergessen dass ich STÄNDIG in den Spiegel gucke!

Zum Anderen habe ich bei Dani ein so hohes Maß an Fähigkeit kennen gelernt, ALLES was man selbst wahrnimmt auf SICH SELBST zu beziehen, das ich vorher nicht greifen konnte. Aus der anfänglichen Bewunderung erwuchs das Bewusstsein, dass aber nicht nur sie dieses Maß vorweist, sondern ich selbst, da ich in der Lage bin es so zu greifen, es also auch kennen muss, über das gleiche Maß verfüge... der Spiegel zeigt durchaus auch schöne Dinge ;)

Abschließend bleibt mir in diesem Kapitel zu sagen, dass all das was ich hier nieder geschrieben habe, nicht nur für mich bestimmt ist. Ich habe aufmerksam mitgelesen, aber da Du es gerade auch gelesen hast, ist das alles unweigerlich auch für Dich bestimmt. Und aus dem tiefsten Innern meines Herzens möchte dieser Spiegel Dir sagen: Ich liebe Dich! Glaub an Dich und trau Dir selbst und dem Universum, das Du bist. Das Leben (-DU- b)ist schön, Du musst Dir nur - entgegen aller Stimmen die dagegen schreien - angewöhnen es so zu sehen!

- Danke, Daniela! DU bist so wunderschön in MIR!!!
ICH LIEBE DICH AUS VOLLEM HERZEN!

Das "Hier und Jetzt"

Inspiriert durch das was gerade überall abgeht, Danke an ALLE(S)*!*

Alle reden davon, alle leben darin, immer mehr von uns können es greifen, aber viele noch nicht so ganz: DIESEN MOMENT!
Zeit, uns ein paar Gedanken zum Thema zu machen.

Das Hier und das Jetzt bildet DIESEN MOMENT, einen ZEIT-RAUM oder eine RAUM-ZEIT jenseits von Raum und Zeit. Es ist genau dieser Moment, in dem ich das hier schreibe, Du es liest, Jesus geboren wird, Hitler in Polen einmarschiert, alles Leben in Inkarnationen geboren wird und aus ihnen heraus stirbt. Klingt erst mal sehr komisch, ist aber so. Wir erinnern uns: der Humor des Universums mutet sehr paradox an, und Dinge die sich zu widersprechen scheinen tun das nur, solange man den Kopf noch mitten in der Dualität stecken hat - schaut man sich etwas als Ganzes an, ER-

GÄNZEN sich die Gegenseiten, die eher EBENseiten sind.

Dieser Moment ist die GEGENWART. Die Zeit, in der wir quasi zugegen sind, in der wir DA sind, in der wir SIND. Die Gegenwart ist die einzig existente Zeit. Die Vergangenheit besteht aus Erinnerungen und die Zukunft ist nichts weiter als Vorstellungen, die sich aus diesen Erinnerungen ergeben. Wir erleben was wir erleben und haben uns, um die Zusammenhänge der Kausalität greifen zu können, die Fähigkeit gegeben, die REIHENFOLGE dieser Erlebnisse chronologisch einzuordnen. Wir könnten die Zusammenhänge nicht erkennen, wenn wir diese Fähigkeit nicht hätten.
Man stelle sich vor, man gehe im Winter leicht bekleidet raus in den Schnee und erkälte sich, habe aber nicht die Möglichkeit sich danach zu erinnern, dass die Tage im Bett NACH dem Spaziergang im Schnee erlebt wurden. Wie sollte man zu dem Schluss kommen, dass die Tage im Bett DURCH den Spaziergang im Schnee hervorgerufen wurden? Wie sollte man lernen, z.B. Erkältungen zu vermeiden? Wir hätten also

als junge Spezies wohl keinen Winter überlebt, wenn wir nicht die Fähigkeit hätten, Erlebnisse chronologisch einzuordnen. Wir wären schlichtweg nicht LERNFÄHIG! Und NUR durch den Gebrauch dieser Fähigkeit können wir lernen, gepaart mit der Fähigkeit, Zusammenhänge zu erkennen. Worüber wir hier reden, geht weit über normale Reflexentwicklung hinaus, wir reden von Intelligenz und wie sie sich bildet, und wir sind heute nicht nur intelligent, sondern auch noch (wenn auch oft noch nicht sehr) WEISE! Dazu braucht es mehr, als zu erkennen dass wenn ich auf einen Knopf drücke Futter aus einer Öffnung in der Wand kommt.

Nebeneffekt der Nutzung dieser Fähigkeit, Erlebnisse chronologisch einzuordnen ist, dass der EINDRUCK entsteht, dass Zeit linear ablaufe, denn wie schon beschrieben, ist logisch erklärbar die einzig erklärbare Zeit das JETZT. Aber es ist und bleibt ein Eindruck, eine Prägung, ein starres Denkmuster, das sich durch ein wenig freies Denken sehr einfach auflösen und durch etwas Neues, Dynamisches ersetzen lässt.

Ich erlaube mir an dieser Stelle, die Richtlinien für das Schreiben dieses Buches ein wenig zu deeehnen, und hier einen Text einzustellen, den vor vielen Erlebnissen, aber eben auch im Jetzt und Hier geschrieben habe, also halte ich es jetzt gerade ausnahmsweise für legitim, es hier hin zu "posten", denn es wird helfen, etwas Neuem Platz zu machen:

Herrschaft über die Zeit

ich bin letzte nacht angekommen
die zeit ist stehen geblieben
ich nehm sie nicht mehr wahr, statt dessen einen EWIGEN moment
in dem ALLES passiert
du kommst rein, indem du kurz in dich gehst, bis du einen punkt in dir merkst, an dem du "sackst", dich fallen lässt, dann mach die augen auf und dir gewahr (NIMM es WAHR!!!), dass die zeit STEHT! in diesem moment werden alle dinge GLEICH wichtig, nichts ist mehr wichtiger als irgendwas anderes, und SO ist alles EINS in dir. nur indem wir dinge wichtigmachen, rufen wir trennung hervor.
folglich:

lass alles unwichtig werden, und du bekommst die zeit zum still stehen.. kannste dir jetzt aussuchen aus welcher richtung du drauf zu gehst
lass mich wissen wenn dir das hilft... das sind neueste erkenntnisse, ich hätte gern erfahrungsberichte und abgleiche

und dann. in diesem moment hier, in DEM was GERADE so um uns herum passiert. wenn man sich mal anschaut was die menschheit, zu der wir alle dazugehören, die WIR ALLE bilden, gerade so alles macht... bleibt nur noch eine einzige frage bis zur absoluten KLARHEIT:

WAS zum TEUFEL MACHEN WIR HIER EIGENTLICH?? und nix mit mysterium, und warum wir hier sind, oder so.. sondern GUCKT EUCH MAL UM!! WAS MACHEN WIR HIER?? sind wir eigentlich alle TOTAAAL GAGA??? wir ersticken quasi gerade den planeten, indem wir unsere hände alles tun lassen was im ganzen so nötig ist, um ihn so aussehen zu lassen wie er aussieht.
dass er uns meist nicht gefällt, und kaum noch was schönes zum angucken bleibt, liegt EINZIG daran, WER vorgibt was unsere hände tun... dirigiere ICH das (in MEINEM interesse) oder machen meine hände gerade was sie SOLLEN, weil es

entweder gesetzlich oder moralisch ERWARTET wird?? wacht auf, brüder und schwestern.. JETZT ist die zeit gekommen, eine frage an jeden um euch herum weiter geben: mach mal ne sekunde STOP, TIMEOUT, und dann GUCK MAL WAS WIR HIER MACHEN!!! nicht zu fassen, das... eigentlich sollten jetzt bei jedem in einem bestimmten maß die hände zurück zucken! einhalt! neuanfang, alles auf null.

Lass das mal einfach auf Dich und in Dir wirken, lieber Leser, Dein Verstand wird schreien und "Schwachsinn" rufen, aber dass Dein Verstand genauso Verblendet ist wie der von jedem anderen hier, haben wir ja in anderen Kapiteln schon feststellen können. Er KANN es nicht greifen, aber Du kannst es ihm ZEIGEN! Was er sieht, hält er für möglich, und hört mit dem Schreien dann ganz schnell auf. Er ist so programmiert wie die, die vor 100 Jahren den Pionieren der Fliegerei einen Vogel gezeigt haben, und heute mit der gleichen Einstellung in einer Boeing 747 neben Dir sitzen und Dir einen Vogel zeigen, wenn Du von dem sprichst, was das freie Denken Dir ermöglicht. Der Zahn der "Zeit"... Die "Zukunft" ist die Raumzeit, in denen wir aufhören uns gegenseitig Spinner zu nennen, und anfangen uns ebenseitig zuzuhören.

Da wir Vergangenheit und Zukunft also lediglich in unseren Köpfen konstruieren, sie demnach Hirngespinste sind, brauchen wir prinzipiell auch das Wort "Gegenwart" nicht mehr. Es fällt leichter, sich aus der Vorstellung einer linear ablaufenden Zeit zu lösen, die demnach auch nichts weiter als ein Hirngespinst sein kann, wenn wir ab hier und jetzt vom „Hier und Jetzt" sprechen. Der Zeit, in der ALLES passiert, was je passieren kann.

Das wirklich bemerkenswerteste was mir zum Thema Zeit noch einfällt, ist dass wir es gewohnt sind, also so programmiert sind, dass wir den größten Teil davon mit WARTEN verbringen. Auf den Bus oder den Feierabend-Gong, Urlaub, Ruhestand, dass endlich mal was passiert, dass Andere endlich mal..., dass ICH endlich mal..., ..., ..., ...! Krass! Jeder Moment der mit Warten verbracht wird, ist ein minimal produktiver, wenn nicht gar destruktiver. Wenn Warten noch in Zusammenarbeit mit Zögern gerät, passiert vom wesentlichen gar nichts mehr. Wer meint für irgendwas zu früh zu sein, ist meist schon längst zu spät dafür. Es bringt nichts, auf einen abgefahrenen Zug zu warten. Zeit lebt durch das Nutzen der bestehenden Möglichkeiten, bewusste Momente sind die, in denen wir schöpferisch tätig sind und genießen. Das kann auch bedeuten, dass man gemütlich auf seinem Sofa sitzt, und seine Gedanken fließen lässt. In dem Moment, in dem man aber ins Grübeln gerät, sollte man sich möglichst schnell wieder etwas Anderem widmen. Wenn es anstrengend oder gar stressig wird, ist es schon wieder irgendwie unnatürlich.

Also, worauf noch warten? Das Leben lädt ein, gelebt und erlebt zu werden, und wer noch auf einen Startschuss wartet, das endlich mal zu tun, wann sonst könnte er fallen, als HIER und JETZT?!

Außerirdische und der Weltfrieden

Danke für die Inspiration an alle Sternengeschwister!
See you NOW!

Ok, wer es bis hier geschafft hat, interessiert weiter zu lesen, sei gewarnt, jetzt wird es spooky, und ich grinse innerlich bei dem Gedanken, was jetzt alles kommt. Dies ist ein weiteres meiner momentanen Lieblingsthemen, vor allem weil es immer mehr an Aktualität gewinnt.

Ich schreibe aus meiner jetzigen Sicht (was auch sonst?), und nichts weiter als das was ich WAHR nehme. Nichts davon sollte geglaubt oder angezweifelt werden, alles steht zur freien Inspiration, ich habe nicht die Absicht, jemanden anzugreifen, zu überzeugen oder zu diskriminieren. Statt dessen nehme ich mir mein verbrieftes Recht, zu spinnen und mir egal sein zu lassen, was wer zu diesem Thema denkt. Was dieses Thema angeht, sind mir ALLE Sichtweisen gleichermaßen interessant und wichtig. Das was jetzt folgt entspringt meinen Erfahrungen und den Zusammenhängen die ich darin erkannt habe, und ich lade herzlich dazu ein, diese Dinge offen und wertfrei mit mir zu beobachten. Lernen wir ein wenig gemeinsam (auch hier "was auch sonst?", aber diesmal einfach mal voll bewusst darüber, dass wir das tun!)!

Ende 2004 im Jahre des Herrn begriff mein Hirnchen, dass alles Leiden, das ich bis dahin so wahr genom- men hatte darin begründet lag, dass ich mir Gewalt habe antun lassen, oder selbst Anderen Dinge angetan habe die ich explizit tun musste, und nicht wollte - auch wenn mir das im jeweiligen Hier und Jetzt nicht unbedingt bewusst war – die die Anderen aber auf keinen Fall wollten, kurz: das Spiel mit dem Fremdwillen gespielt hatte.

Es dauerte nicht lange, bis mir klar war, dass das bei niemandem anders sein konnte. Meine Recherchen betrieb ich, indem ich mit jedem dem ich begegnete über diese Dinge sprach, und auch wenn sich, genau wie ich bis dahin, keiner von ihnen vorher mit diesen

Gedanken beschäftigt hatte, bestärkten und bestätigten sie nach einigem Nachdenken meine Aussagen.

Das wiederum ließ den nächsten logischen Schluss zu: Wenn alle sich aus dem Spiel mit dem Fremdwillen lösen, und KEINE GEWALT mehr ausüben und ausüben lassen, stellt sich ein Zustand ein, der sich mit dem Wort Weltfrieden gut beschreiben ließ, wie ich fand. Es fühlte sich an, als habe ich eine Marktlücke gefunden, jedenfalls bastelte ich mir einen passend ehren- werten Beruf dazu und nannte mich fortan einen Weltfriedens-Installatör. Ich sollte im Rahmen dessen noch einige andere Berufe erlernen, die ich in diesem Moment alle parallel ausführe, in diesem Moment, in dem ich diese Zeilen schreibe wie in jedem anderen auch.

Ich sah, wie das Armageddon, der Finale Kampf Gut gegen Böse, das Heraustreten aus der Dualität durch ihren tiefsten Punkt, bereits wild um mich herum tobte, und das nicht erst seit gestern. Ich stand da mit meinem Frieden mitten auf dem Schlachtfeld, und musste entsetzt feststellen, dass um mich herum jeder

Einzelne gern Frieden hätte, aber nicht aufhören konnte zu kämpfen weil alle anderen auch kämpften. Die Angst, die Waffen fallen zu lassen und sich einen Weg aus dem tobenden und um sich wütenden Mob, der gerade dabei ist seinen ganzen eigenen Planeten zu vernichten, heraus zu bahnen, schien schier unmöglich. "Das ist Selbstmord!" sagte mir einer sogar wörtlich! KEINER traute dem Rest der Welt zu, auch in der Lage zu sein, die Waffen einfach niederzulegen und anzufangen gemeinsam miteinander zu spielen als gegeneinander zu kämpfen. Oder anders ausgedrückt, gemeinsam zu leben statt sich gegenseitig umzubringen, um auf den Selbstmord zurück zu kommen.

Ich setzte mich in eine halbwegs ruhige und geschützte Ecke, und nahm das Schlachtfeld als etwas anderes wahr. Als einen Planeten, der alles bietet was das Herz nur begehren kann, in ausreichendem Maß für alles was auf ihm kreucht und fleucht. Ich sah den Organismus, den er bildete und mich selbst als die eine kleine, aber gleichwertige Zelle. Ich sah das Leben, das er verkörperte, und mir wurde klar, dass auch er ein lebendes Wesen sein musste, eine Entität, die über einen eigenen Selbsterhaltungstrieb verfügt, eine Seele, Bewusstsein und Gefühle! Und ich sah, dass dieser Organismus krank war, er hatte in dieser Wahrnehmung einen Virus, und ohne Zweifel war dieser Virus der Mensch. Keine andere Spezies ist so dem Hass verfallen, so gefühllos und unmenschlich, so verbittert und verzweifelt, und dennoch so sehr in der Lage die schönsten und liebevollsten Dinge hervorzubringen wie der Mensch.

Ich sah die Menschheit als Eins, und wieder mich als eine Zelle des gesamten Organismus, gleichwertig mit allen Anderen. Aus meiner Perspektive konnte ich mir die Menschheit als einen einzelnen Menschen verkörpert vorstellen, ich konnte ihn sehen, wie er da stand... verzweifelt, verstört, vom Hass und der Gier zerfressen, in Abwehrhaltung und dennoch versorgt mit ausreichend Abwehrzellen, die in der Lage waren, das Ruder herum zu reißen, und den kranken Organismus zu schützen und ihn wieder vollständig heilen zu lassen. Ich bemerkte sehr wohl auch, dass auch dieser Organismus ein Kind der Liebe, des Universums, mir selbst war, und ich war mit für ihn verantwortlich. Ich war ein Teil von ihm, und würde ich ihn weiter von innen heraus töten, oder tatenlos herumsitzen und es zulassen, und damit mich selbst! Ich merkte, dass nicht das Abwenden vom Kampfgeschehen der Selbstmord war (was ich auch vorher schon wusste), sondern ich sah in kristallener Klarheit vor mir, wie das Ausüben und Zulassen von Gewalt der sichere Selbstmord war!

Also stand ich auf, nahm meine Waffen wieder an mich, und brauchte nicht einmal geloben; ich hatte verstanden, dass und warum ich sie fortan als WERKZEUGE nutzen würde. Nicht destruktiv, sondern aufbauend, kreativ, Schönes schaffend. Ich fühlte GOTT in mir, und mich in ihm, die LIEBE, die wir versuchen mit diesem Wort zu benennen und das LEBEN! Ich wollte LEBEN, mit jeder Zelle meines Körpers! Und ich wusste, dass der Organismus, dessen ich eine Zelle war, das auch wollte. Also machte ich mich auf den

Weg, quer durch das Schlachtfeld, von dem ich wusste, dass es in einem endlichen System ein Ende haben MUSSTE, in dem man sicher war! Ich fühlte, dass ich die Dinge in einer anderen Dimension gesehen hatte und seitdem auch sehe. Ich erfuhr, dass das was ich gesehen hatte schon von vielen Anderen beobachtet wurde, immer mehr Menschen um mich herum wurde es klar.

Der Unterschied in den Dimensionen lässt sich in etwa so beschreiben, dass die mir bekannte, aus der ich kam, dreidimensional ist. Lassen wir mal außen vor, was genau das bedeutet, in diesem Bild hier beschreibe ich sie als "Detailansicht", um den Unterschied zur 5. Dimension, das Neue, das ich wahrnahm, zu zeigen, die ich hier dann "Totale", oder "Komplettansicht" nennen würde. Das Tollste ist, dass man mit ein wenig Übung einfach zwischen diesen beiden Dimensionen hin- und herspringen kann. Es passiert über unser Bewusstsein! Das ist der Schlüssel! Das ist das, worauf man achten sollte, wenn man begreifen möchte, worum es bei dem ganzen aktuellen Gerede und Geschreibe über den tatsächlich stattfindenden Dimensionswechsel geht.

Wir SIND dieses Bewusstsein in uns, das uns befähigt, alles genau so wahr zu nehmen wie wir das wollen, haben es nur vergessen weil wir ausreichend lange in der Detailansicht gelebt haben. Erinnert uns jemand an die Komplettansicht, kommt sie aber wieder in unser Bewusstsein, und es dauert nicht lange, bis man anfängt, Dinge im Großen zu betrachten, was auch bedeutet, dass man die Prozesse hinter ihnen erkennt. Und dann ist das Bild auf einmal glasklar, und man erkennt, dass im Großen alles genau wie im Kleinen ist, Strukturen wiederholen sich und Schemata werden erkennbar. Es macht hier keinen Sinn weiter drüber zu schreiben, öffne Dein Herz und Deinen Verstand für 5D-Wahnehmung, erinnere Dich dass Du das als Kind auch in diesem Leben schon so lange gemacht hast, bis Dein Umfeld Dich davon überzeugt hat, dass Du für so einen Kram langsam zu alt wirst, und dann sieh all das selbst. Dann wirst Du verstehen, warum ich mir in 3D-Sprache den Mund fusselig reden, aber 5D-Phänomene damit einfach nicht adäquat beschreiben kann. Es ist eine völlig andere Welt, die sich öffnet. Eine andere Sichtweise, Denkweise, Wahrnehmung. Man kann sie eben explizit nicht wahr nehmen, wenn man in 3D-Strukturen denkt und wahr nimmt.

Zum ersten Mal bekam ich einen Eindruck davon, was universaler Frieden bedeutet. Das universale Gesetz liegt jederzeit vor uns, doch wir sehen es nicht, wenn wir der 3D-Ablenkungsshow unsere Aufmerksamkeit schenken. Solange wir mit Kämpfen, Arbeiten, Problemen, Detailschnickschnack, Politik, Wettbewerb, Konkurrenz, Gegeneinander u.s.w. beschäftigt sind, KÖNNEN wir es nicht sehen, denn all das hat augenscheinlich nichts mit LIEBE zu tun, sondern mit ANGST, der Abwesenheit von Liebe. Doch die LIEBE selbst ist das universelle Gesetz. Einfacher geht es nicht. Handelt alles liebevoll, gibt es nur Liebe, und daraus resultieren Ruhe und innerer Frieden, und zwar auf MATRIELLER Ebene, sprich, für alle Beteiligten wahrnehmbar. So gibt es Welten in diesem Universum, in denen das Gegeneinander herrscht, und andere, in denen das Miteinander und die Liebe selbst den Lauf der Dinge lenken. Und jeder einzelne kleine Aspekt des Ganzen, auch Du selbst, und jede Zelle deines SEINS, hat den gleichen Freiraum all das nach Belieben zu nutzen.

Sehen wir die Erde aus 5D-Perspektive, ist sie eine MÖGLICHKEIT, die erlebt werden kann oder nicht. Und OFFENSICHTLICH kann und will das im Moment nicht das GANZE Universum. So wie nie irgendwas alle gleichermaßen interessiert, auch wenn alles gleich wichtig ist. Das Schöne an allen Aspekten Gottes ist, dass sie als solche alle gleich sind, aber in der Wahrnehmung jedes Einzelnen absolut individuell! Erst so ergibt das Ganze auch Sinn. DAS ermöglicht die Vielfalt des Universums.

Das ganze Universum ist durchzogen von Leben, weil es Leben IST. Ich will gar nicht groß mit der Wissenschaft und ihren komischen Sichtweisen anfangen - lege lieber jedem Wissenschaftler ans Herz, einmal in sich zu gehen, und sich an die Großartigkeit und Schönheit des Universums zu erinnern, das Gutes wie Böses hervorbringt, aber immer FAIR ist. Doch die

Wissenschaft kann mir hier gerade als feines Beispiel dienen, um einen Vergleich aufzustellen zwischen Menschen die als hochintelligent angesehen werden und Menschen die als dumm und minderwertig angesehen werden:

Die Wissenschaft auf dem Hirnkonstrukt ERDE im Holodeck MATRIX basiert auf reiner Verstandes-Ebene. Die ist aber nicht ausreichend, um etwas wie Liebe greifen oder gar messen zu können. Aber kleine Kinder können das!! Wie kommt das? Wie können sie wissen wer ihnen wohl gesonnen ist und wer nicht? Es ist so einfach dass der Verstand ausrasten wird: Sie hören auf ihr HERZ!

Tun wir das doch am besten auch hier gleich mal, um dem was nun folgt überhaupt eine Chance geben zu können, Bestand zu haben und explizit KEINE bloße Spinnerei zu sein.

Kommen wir von der Erde? Wirklich? Sagt wer? Alle? Alle, die lang genug auf ihr gelebt haben, um ganz und gar zu vergessen woher sie kommen - so sehr, dass sie schon seit Jahrtausenden auf der Suche nach der Quelle ihres Ursprungs sind? Ihn Gott nennen und bereits öffentlich vertreten, dieser sei tot oder hätte gar überhaupt nie existiert?

In den gestrigen Kapiteln sollte jedem eigentlich klar geworden sein, dass wir nicht einfach fleischliche Hüllen sind, die programmiert wie Roboter durch die Gegend laufen. In 3D tun wir das zwar, aber in 5D sitzen wir selbst an den Controllern und steuern uns durch die Welt, in der wir leben - unsere Wahrnehmung. Die, die wir in 3D auf dem Holodeck sind, sind wir auch in 5D an den Bediengeräten. Und durch die Verbundenheit mit allem auch EINS mit allem, also alles was ist! Ich stelle die Frage nochmals, diesmal explizit in der Komplett-Ansicht, also in 5D, da, wo das große Ganze zu überblicken ist. Nicht vergessen: Wir sind Seelen, die ein Konstrukt in der Matrix wahrnehmen, das sie ERDE nennen. Und: Wir sind offensichtlich eine MINDERHEIT! Also:

Kommen wir von der Erde? Wenn nicht, was bedeutet das? Oh, es bedeutet natürlich immens viel, aber ein paar Kleinigkeiten sollten reichen, um zu verstehen was ich meine:

Schließ mal Deine Augen, nein, lass sie auf, erst lesen, und dann zu machen! Und dann visualisierst Du mal die Erde als Kugel vor Dir. Wenn Dir das gelingt, sei Dir übrigens bewusst, dass Du das über Dein so genanntes 3. Auge tust. Dann lass diese Erde mal langsam immer kleiner werden, so, dass der Mond mit ins Blickfeld rutscht, die anderen Planeten des Sonnensystems, die Sonne selbst - die Dich übrigens an dieser Stelle mütterlich grüßt, und sich freut, von Dir als ebenbürtiges Lebewesen wahr genommen zu werden statt als gleißend weiße Scheibe am Himmel, als so blendend, dass man sie nicht angucken kann oder als romantische Kulisse für besondere Abende. Lass all das immer kleiner werden, zoome immer weiter raus, bis du die Milchstraße vor Dir siehst, die auch immer kleiner wird und Du die ganze Galaxie vor Dir siehst, dann zwei, dann einen ganzen Haufen von Galaxien, einen Galaxie-Nebel, dann etwas, das aussieht wie eine Darstellung der Nervenzellen unseres Gehirns, auch das wird immer kleiner, und dichter, und an dieser Stelle siehst Du kaum noch was. Hier nimmst Du nur noch Bewusstsein wahr. Du kannst Du nicht mal mehr erahnen wo Du die nächste Monatsmiete abliefern sollst oder arbeiten gehen, wo Frau Merkel Bundeskanzlerin ist und was für eine Bedeutung das angesichts dieses Bildes vor Dir noch haben soll. Und jetzt – geh *nicht* zurück! Geh NOCH weiter raus. Und siehe, wie vor Deinen Augen diese größten Gebilde, die wir uns vorstellen können, die Form der kleinsten Gebilde annehmen, ohne sich dabei ändern zu müssen. Du siehst Atome, Moleküle, dann Zellen und daraus wachsende Organismen wie Dich! Bleib bei Dir stehen, und nimm Dich mit auf den letzten Abschnitt dieser kleinen Reise durch die Dimensionen des Vorstellbaren, und halte da inne, wo Du die Erde wieder vor Dir siehst. Du hast jetzt ein Fraktal durchlaufen, und das kannst Du jetzt in beide Richtungen fortsetzen bis Du kapiert hast, wie ein grenzenloses, endloses und ewiges Universum ist. Es fängt nirgendwo an und hört nirgendwo auf, und bietet in sich alles nur Vorstellbare. Die Frage ist auch eben nicht wo alles angefangen hat oder aufhört. Die Frage ist, wo Du ge-

rade BIST! Und das bist Du IMMER da, wohin Du gerade Dein Bewusstsein lenkst. Es besteht überhaupt keine andere Möglichkeit!
Schließ wenn Du magst jetzt Deine Augen für ein Weilchen und lass Dein Unterbewusstsein Dich gemäß dessen was Du gerade gelesen hast diese Reise erleben, und fühle wie Du es selbst bist, der Dich führt.

Wir leben also in einer "Traumwelt". Das verliert seinen anfänglichen Schrecken nach kurzer Weile. Im Prinzip genau dann wenn der Verstand aufhört zu brüllen, dass das doch gar nicht sein kann. Wie gesagt, er muss sich erst dran gewöhnen, dass er diese 5D-Phänomene mit seinen 3D-Programmierungen nicht greifen kann und erst noch lernen, sich umzuprogrammieren. Aber das geht schnell, vor allem wenn Du ihm dabei hilfst, und wenn Du immer noch weiter liest, tust Du das bereits.
Diese Traumwelt ermöglicht es jedem Lebewesen, jeder Seele, jedem Bewusstsein, Unterbewusstsein, Höheren Selbst, Aspekt Gottes oder des Universums (nenn es wie Du willst, es ist alles ein und das selbe!),

nicht nur individuell Dinge zu erleben sondern verbunden mit dem Rest von allem was ist, auch im Kollektiv. Dazu haben wir uns die Möglichkeit erschaffen, Kollektivträume zu erleben, gemeinsame Realitäten, in denen die Wahrnehmungen soweit verschmelzen und ineinander "schwimmen", dass sich Schnittmengen bilden, und genau HIER entsteht Materie, die ab 2 Beteiligten bereits "kollektiv" wahrnehmbare Dinge erscheinen lässt. WIE sie entsteht, haben wir ja gestern schon erörtert.

Zurück zu den Außerirdischen und dem Weltfrieden.
Es ist nichts weiter nötig, als sich all dieser Dinge bewusst zu werden, und als würdig, in einer friedlichen Welt zu leben erweist sich jeder, der dazu beiträgt, Frieden zu schaffen. Dazu ist nichts weiter nötig, als erst mal einfach das Rumkloppen bleiben zu lassen. Nichts weiter. Keiner braucht hochspirituelle Qualifikationen dazu, oder irgendetwas was noch zu erreichen wäre. Das Alles erreichen wir in Ruhe eh um einiges leichter. Es ist so: Lässt man das Kämpfen sein,

wird das was dann kommt als Frieden wahr genommen. Punkt.

Alle Außerirdischen, von denen der geneigte Leser langsam begreifen dürfte, dass er einer von ihnen ist, ist von der Quelle des Lebens selbst herzlichst dazu eingeladen dieser Idee Folge zu leisten und mit sich Selbst und Allem was ist Frieden zu schließen, und es ist normal dass eine Umgewöhnung ein wenig "Zeit" braucht. Das Dümmste was man an dieser Stelle wohl tun könnte wäre mit sich selbst zu hart ins Gericht zu gehen, es wäre quasi das Gegenteil dessen was sinnig zu tun ist: Sich selbst wie alles nur Wahrnehmbare als Teil eines Ganzen zu verstehen, in dem Alles was ist miteinander verbunden ist. Alles was ich mache, hat Auswirkungen aufs Ganze, und alles was nötig ist um Frieden zu schaffen, ist friedlich zu sein. Auch DAS wirkt sich deutlich spürbar auf das Ganze aus.

Mir würde es reichen wenn EINER nach Lesen des Kapitels seine Waffen in Werkzeuge verwandelt, aber ich

würde mich freuen, wenn Du es bist. Du in mir und ich in Dir!
Namasté!

- Tag 3 -
14.12.11

Der König von Sich Selbst

Inspiriert durch das Leben, die Unterdrückung *und* die Weisheit, *danke!*

In der Zeit nach dem großen Wendepunkt in meinem Leben um meinen 30. Geburtstag herum wurde mir klar, dass mein Leiden darin begründet lag, dass ich immer versucht hatte Anderen gerecht zu werden, und auf diese Weise automatisch verstrickt war in einem Machtspielchen, dem großen Gegeneinander, dem Spiel mit dem Fremdwillen. Das Problem an der ganzen Sache ist, dass man sich dabei nicht mehr wirklich unter Kontrolle haben kann, sich meist nicht beherrschen kann, und das aus gutem Grund. Lasse ich es zu, dass andere Menschen in meinem Leben durch Zwang und Druck Autoritäten darstellen - die ich also nicht gewählt habe, weil sie in meinem Interesse dadurch glänzen, mir besonders wohl gesonnen zu sein und mein Bestes im Auge zu haben, sondern weil sie mir Angst machen - ist das ICH diese Autorität nicht mehr. Wenn ich aber eigenverantwortlich leben möchte, sollte ICH die oberste Autorität in meinem Leben darstellen. Und das ist nicht nur bei mir so, sondern auch das ist etwas allgemein Gültiges.

Wie wir alle wurde auch ich in ein System geboren, das sich durch eine Pyramide darstellen lässt, die sich Hierarchie nennt. Ganz oben stehen die paar "Wichtigen", die vorgeben, ganz unten die ganz vielen "Unwichtigen", die alles ausbaden, und dazwischen stehen die Allerwichtigsten, nämlich die, die ausführen was von oben vorgegeben wird. Die sind deshalb die Allerwichtigsten, weil die Pyramide sonst gar nicht halten würde. Der Kleber, der diese Pyramide auf- recht erhält ist GEHORSAM. Würde niemand ihn leisten, würden die Befehle, die Ideen, die von oben kommen, unten nicht ankommen, weil keiner sie durch- und umsetzen würde. Die Regierungen könnten zum Beispiel in den Krieg schicken wen sie wollten, wenn niemand dem Marschbefehl Folge leisten würde, würde kein Krieg ausgetragen. Wenn Mutti sagt wir sollen spülen, und wir tun es nicht, bleibt der Spülberg liegen, und sie kann es selbst machen wenn sie Ordnung haben will. Was in diesem System fehlt ist Augenhöhe.

Ein anderes Wort für Augenhöhe ist Anarchie. Anarchie ist keine Staatsform oder so, und wer meint, sie habe mit Chaos zu tun, der soll sich mal angucken was unter der Knute der Hierarchie mit diesem Planeten geschehen ist. Niemand zieht in den Krieg wenn er kein Geld dafür bekommt, genauso wenig wie jemand sich daran beteiligt, 7 Fußballfelder Regenwald pro Minute abzuholzen oder die Atmosphäre zu vergiften, wenn er sich einer umsetzbaren Alternative bewusst wäre. Die Hierarchie in der Form wie wir sie leben, nämlich indem wir Menschen und ihren Wert in diese Pyramide stecken, duldet keinen Widerspruch, keinen Ungehorsam, und vor allem eins nicht: Nachfragen! Blinder Gehorsam ist nicht etwas, was zufällig mal entstanden wäre, sondern etwas, das wir vor langer Zeit in unser Leben gebaut haben, um so RICHTIG leiden zu können. Wir erinnern uns, dass wir das Erlebte erlebt haben, weil es uns hilft, uns als Seelen weiter zu entwickeln. Wir haben es, ob uns das bewusst ist oder nicht, genau so gewollt! Also bringt es nichts, hier mit dem Finger auf irgendwen zu zeigen, sondern sich einfach der Materie selbst zu zuwenden. Es reicht, Klarheit über das Geschehen zu erlangen, um sich heraus zu lösen, wenn man das mag. - Anklagen brauchen wir niemanden. Wesentlich mehr bringt es, sich über diese Dinge Gedanken zu machen, und anzufangen, das Leben nach eigenen Vorstellungen zu leben. Da, wo in der Hierarchie nur aufgedrängter Fremdwille herrschte, freier Wille also so große Mangelware war, dass man anfing darüber zu philosophieren, ob er überhaupt existiere oder nicht, tritt dieser als Teil anarchischer Denkweise, wie sie sich gerade unaufhaltsam wieder ausbreitet, wieder in einen bemerkbaren Bereich, auf dem Weg in den Vordergrund.

Die für mich schönste Definition von Anarchie stammt von Michael Sennheiser, und lautet: "Wenn jeder König von sich selbst ist, braucht keiner mehr König eines anderen zu sein!". Ich fand den Spruch auf der Innenseite der Papp-Krönchen der Krönungswelle, ei- ner Initiative für Bedingungsloses Grundeinkommen (BGE) in Deutschland. Am 6. November 2010 war ich bei einer BGE-Demo in Berlin dabei, und verteilte diese Krönchen, krönte alles was nicht bei drei auf den

Bäumen war zum König von sich Selbst, begriff aber erst 3 Tage später, was genau ich da getan hatte. Und tat offen kund und zu wissen, dass ich, Jesus Urlauber fortan als König von Mir Selbst (und niemand anderem) wahrzunehmen war. Und das vor allem von mir selbst. Ich verzichtete von vorn herein auf jedwede Anerkennung dieses Status im Außen, wusste, dass er nur Bestand hat, wenn ich SELBST ihn anerkenne.

Da ich aber nicht nur der einzige *König* über mich bin, sondern eben auch mein EINZIGER *Untertan*, steigert sich täglich in mir das Gefühl und Bewusstsein darum, was es bedeutet, "souverän" zu sein. Ein Volk ist immer erst dann souverän, wenn jeder einzelne Teil von ihm gleichwertig ist. Und angesichts dieser Tatsache sah ich auch, wie weit weg das Deutsche Volk, zu dem ich mich einst zählte, heute noch entfernt ist. Souveränität erlangt man nicht durch hierarchische Denkweise, sondern nur durch anarchische. Spätestens hier sollte dem geneigten Leser auffallen, warum die Anarchie in der hierarchisch strukturierten Welt einen solch schlechten Ruf hat. Ich will hier ausdrücklich drauf hinweisen, dass ich die Anarchie nicht "besser" finde als die Hierarchie, das wäre wieder hierarchische Denkweise, weil ich die Anarchie über die Hierarchie stellen würde. Da könnte ich auch Frauen über Männer stellen, oder Schwarze über Weiße, Tiere über Menschen, das würde nur das Ungleichgewicht umkehren, aber nicht ins Gleichgewicht bringen. Ich sage nur, dass Hierarchie Gegeneinander hervorbringt, wenn man Menschen und ihre Werte in sie hinein steckt, wohingegen Anarchie Miteinander hervorbringt, das eine bringt Krieg und das andere Frieden. Jedem sei völlig selbst überlassen, ich welcher der beiden Welten, die diese Denksysteme hervorbringen, leben möchte. Wo ich für meinen Teil stehe, brauch ich glaub ich nicht weiter zu benennen.

Oder doch? Ich kann es vielleicht ein wenig bildlicher ausdrücken.
Ein Charakter, wenn auch ein fiktiver, dem ich in den letzten Jahren extrem viel abgewinnen konnte, ist Jack Sparrow. Käpt'n Jack Sparrow, Verzeihung ;)
Eine ganz bestimmte Szene aus dem ersten Film veranschaulicht eine Eigenschaft von ihm, die es mir wert

erschien, sie auf mich zu übertragen, mir quasi diesbezüglich eine Scheibe von ihm abzuschneiden. Dazu brauch ich nicht herum zu torkeln oder in Piratenklamotten herum zu laufen, es reicht, für mich selbst zu stehen. Die Szene von der ich spreche, ist die gegen Ende des Films, als Jack den Fluch schon auf sich gezogen hat und als Skelett gegen Barbossa kämpft, während Will Turner sich mit ein paar anderen Geisterpiraten herumschlägt und Elisabeth die Höhle betritt, das Szenario erfasst und Will fragt, auf welcher Seite Jack steht. "Im Moment? Keine Ahnung!" Ist seine Antwort. Der Depp versteht es nicht: Jack steht auf der Seite, auf der er IMMER steht, nämlich auf SEINER! Das ist was ich an dieser Figur so bemerkenswert finde. Er ergreift nie Partei für irgendwen spezielles, hat es nie nötig, sich zwischen zwei Stühle zu setzen, und achtet vor allem immer darauf, ALLE Interessen im Auge zu behalten. Auf diese Weise schafft er es, AM ENDE immer dafür zu sorgen, dass allen Interessen nachgekommen wurde und keiner sich benachteiligt fühlt. So zumindest hab ich ihn wahr genommen, und konnte das alles durch ihn so greifen, dass ich es hier gerade schreiben kann, und das, weil ich inzwischen die nötigen Erfahrungen machen konnte, bis hier bestmöglich darin trainiert zu sein. Ich weiß, dass ich noch besser werden kann und das auch tu, aber ich bin jeden Tag zufrieden mit mir, weil ich weiß dass ich alles was ich mache jeden Tag bestmöglich mache. Eigenkritik sollte man auch mal auf einen gesunden Level schrauben. In einer Welt in der ein anerkennendes Schulterklopfen eine weitaus größere Seltenheit ist als ein Tadel oder Tritt in den Allerwertesten, fällt es schwer, sich selbst mal auf die Schulter zu klopfen - genau das sollte man aber machen, so gut und so oft man nur kann! Auch sowas lässt sich trainieren.

Ich erinnere mich, dass ich früher mal ganz anders drauf war, ich war sprichwörtlich ein anderer Mensch in einem ganz anderen Leben, wahrhaftig in einer anderen WELT, auch wenn es auf der Erde war.
Mein Selbstwertgefühl war genauso im Keller wie mein Selbstbewusstsein, und dass das nicht nur bei mir so war, sondern in dieser pervertierten "hierarschigen" Gesellschaft als NORMAL angesehen wird, ist

leicht und logisch erklärt. Die Nahrung für das Selbstwertgefühl ist Anerkennung. Bekommt man keine, verhungert es. Das Problem ist, dass wir in der alten Welt immer alles im Außen gesucht haben, so auch Anerkennung. Wenn wir sie uns aber ebenseitig geben können - das bedeutet, *überhaupt* welche geben zu können - müssen wir sie ja irgendwo her nehmen. Und wir schöpfen sie tatsächlich im Innern. Aktiviert wird dieser Brunnen durch Erlebnisse, die wir bewundernswert finden, für die wir DANKBAR sind, und das ist das eigentliche Schlüsselwort. Das, woran es dieser Gesellschaft am meisten mangelt, ist Dankbarkeit. Gesunde, wahre, nicht demütigende Demut. Respekt. Das hat alles miteinander zu tun.

Durch mein eigenes Beispiel kann ich das folgendermaßen genauer erklären:
Ich bin immer schon mit zahlreichen Talenten gesegnet gewesen. Ich hab ein sehr künstlerisches Händchen, bin gern kreativ und hab noch viel „gerner" Spaß an dem was ich mache. Ich konnte irgendwie immer schon gut malen, musizieren, schreiben, phanta-

sieren (heftig, was für einen negativen Touch dieses Wort im gängigen Sprachgebraucht hat!!), hab in diesem Leben eine Ausbildung zum Schreiner in zweieinhalb Jahren abgeschlossen, hab tätowieren und piercen gelernt, verschiedene Instrumente zu spielen und so einiges mehr.

Als ich um die 16 war, fand meine Mutter in meinem Papierkorb einen etwa 30-Seitigen Comic, den ich gezeichnet, dann gelesen und ihn danach zerrissen hatte. Ich hatte meinen Spaß dabei gehabt ihn zu zeichnen, fand ihn aber noch nicht wirklich reif genug, um über eine Veröffentlichung ernsthaft nachzudenken. Das verstand meine Mutter damals jedoch nicht, und nannte mich in einem Anflug von Fassungslosigkeit und daraus resultierender Unbeherrschtheit, die ich ihr heute nicht mehr wirklich übel nehmen kann, ein Arschloch. Ich hätte so viele Talente, und würde NICHTS draus machen. Und sie benutzte dieses Wort wirklich selten, vor allem uns Kindern gegenüber. Es traf mich schon sehr, aber ich wusste dennoch nicht, was ich hätte anders machen sollen. Dafür durfte ich in der Folge ganz andere Erfahrungen machen, die sich mit diesem Erlebnis in eine Reihe stellen.

Im Groben lässt sich das so beschreiben, dass ich immer wusste, dass ich gut in vielen Dingen bin, aber immer mehr die Anerkennung meiner Künste im Außen suchte. Es reichte mir nicht mehr, selbst zufrieden zu sein mit dem was ich machte, sondern ich konnte nur noch zufrieden sein mit dem was meine Kreativität gebar, wenn es ausreichend Menschen in meinem Umfeld bestätigten. Das führte so weit, dass ich selbst als Mensch in eine Identitätskrise rutschte, wenn mich jemand augenscheinlich nicht mochte. Wildfremde! Ich fragte mich, was denn an mir nicht stimme, und wieso ich nicht liebenswert bin. Nun, die Antwort ist so einfach wie schwer zu verstehen: Weil ich selbst es nicht tat! Ich liebte mich nicht, ich gereichte meiner Selbst nicht zur Zufriedenheit, und das ausschließlich, weil ich mich nicht als würdig empfand! Und das nicht weil Mama mich Arschloch genannt hat, sondern weil ich das was sie sagte so auf- und wahrgenommen habe, wie ICH es getan habe. Heute möchte ich sie knutschen für diesen Geniestreich, denn ohne ihn wäre ich heute NIE in der Lage, bewusst darüber zu sprechen. Denn ohne sich dessen damals bewusst darüber zu sein, hat sie mir auf diese Weise tatsächlich den Anstoß dazu gegeben, mir über etwas bewusst zu werden, das ich vorher als selbstverständlich wahrnahm und nie die Notwendigkeit gehabt hätte, auch nur einen Gedanken darüber zu denken. Wenn ich mich nicht liebe, können andere es tun so viel sie wollen, wenn ich mich nicht als würdig befinde, KANN ich es NICHT wahr nehmen! Letztlich darf sich auch der geneigte Leser bei Mama bedanken, der hier an dieser Stelle das erste Mal von diesen Dingen in solcher Klarheit liest, denn man kann dieses Bewusstsein nicht nur auf die harte Tour erlangen. Manchmal reicht es, in einem Buch mit der Nase drauf gestoßen zu werden. Ob Du dazu gehörst, erkennst Du, wenn Du Mama gerade ein wenig dankbar bist ;)

Ein König von sich selbst sollte in der Lage sein, den Brunnen in sich zu aktivieren und am Laufen zu halten, und wenn gerade kein Anderer die Anerkennung brauchen kann und die Dankbarkeit, die aus ihm heraus sprudelt, ist es durchaus legitim, sie auf sich selbst zu beziehen. Tatsächlich ist es sehr ratsam, sich mal ordentlich damit voll laufen zu lassen und den Überschuss ins Universum fließen zu lassen. Wie gesagt, alles was wir tun hat eine Wirkung auf ALLES! Wer meint, das ginge doch nicht, braucht es sich als König von sich selbst einfach zu erlauben. Du bist Deine Autorität, Dein König, herrsche weise! Verbietest Du dem Volk zu viel, wird es dem Stillstand unterliegen, und sich gegen Dich auflehnen. Das ist in der Tat das, was die Meisten von uns bisher gemacht haben, und dadurch gegen sich selbst und im Außen gegen sprichwörtliche Windmühlen kämpfen. Wir haben uns selbst zu wenig erlaubt! Und den Anderen in uns genauso. Dämmert dem ein oder anderen, welcher Natur dieses Gedankengut ist? Fühle jeder in sich selbst mal nach.

Irgendwie merke ich, wie sich das Thema Eigenverantwortung wie ein Wurm durch alle Kapitel zieht. Und der Begriff "König von sich selbst" bedeutet eigentlich das gleiche. Aber wäre das verständlich gewesen, wenn dieses Kapitel hier aus allein diesem einen Satz bestanden hätte?

Als König von mir Selbst habe ich die volle Macht, DEINEN Status als König von Dir Selbst anzuerkennen. Wenn ich das also kann, kannst Du es auch! Und nicht ich bin derjenige, der zu entscheiden hat, ob Du es auch tust. Ich kann Dir lediglich meinen Segen dazu erteilen, was für mich so viel bedeutet wie: Es freut mich wenn Du es tust, nur fühl Dich bitte zu nichts genötigt. Da ich Deinen Status als König von Dir selbst anerkenne, weil ICH das will und es mir auch nicht nehmen lasse, ist ALLES was Du tust o.k. mit mir! Von einem Herrscher über sein Universum zum Anderen eine Goldkiste voller bedingungsloser Liebe!
Eine Welt, in der es EINE EINZIGE WELTREGIERUNG gibt, die aus allen Beteiligten besteht, und die bedingungslose Liebe als das einzige Gesetz anerkennt, kann als eine erleuchtete, zivilisierte Welt gesehen werden. Und so eine Welt lässt sich schaffen, indem man sich einfach an ihr beteiligt, und jeder kleine Funken Gott kann für sich entscheiden, ob er eine solche

Welt wahrnehmen möchte. Es liegt in jedem Einzelnen von uns, es ist in jedem drin, der drüber reden kann, man muss es einfach nur aktivieren! Es gibt nichts was wir erst erreichen müssten, es ist alles da. Nur liegt das Meiste ungenutzt herum, wie die Dinge auf unserem Planeten, von denen eigentlich genug für alle da ist, sie aber unter Verschluss sind und somit unbrauchbar. Das funktioniert im Programm ERDE derzeit übers Geld. Das ist aber kein kosmisches Gesetz, das man nicht ändern könnte. Bringen wir diese Dinge in der Materie in Fluss, lassen wir sie da hin fließen wo sie gebraucht werden, statt dahin, wo das Geld sie aus dem Nicht-Nutzen auslösen kann, können wir davon ausgehen, dass wir im Innern dann wohl auch offensichtlich weit genug gediehen sind, um es zu bewerkstelligen. Hosanna! Merkt jemand wie weit wir sind? Wir können schon offen drüber reden! Der nächste Schritt nach offenem Reden ist immer, die durchs offene Reden sichtbar werdenden Möglichkeiten zu nutzen. Es gibt also nichts mehr zu befürchten, wir müssen einfach nur das weiter machen, was wir eh schon tun: uns entwickeln. Und Spaß dran haben. Darum geht es schließlich.

P2P-Ökonomie

Inspiriert durch Debbie McFarland, *der ich den nun folgenden Text einst in englisch schrieb, und mich legitimiere, ihn hier ins Deutsche zu übersetzen, ohne dabei die Richtlinien dieses Buches zu verletzen.*

- Eine funktionierende Alternative zur Finanzwirtschaft -

Archie Fire "Lame Deer", Medizinmann der Lakota-Indianer und Aktivist für Indianische Kultur sagte einst:

"Bevor unsere weißen Brüder kamen, um zivilisierte Menschen aus uns zu machen, hatten wir keine Gefängnisse. Aus diesem Grund hatten wir auch keine Verbrecher. Ohne ein Gefängnis kann es keine Verbrecher geben. Wir hatten weder Schlösser noch Schlüssel, und deshalb gab es bei uns auch keine Diebe. Wenn jemand so arm war, dass er kein Pferd besaß, kein Zelt oder keine Decke, so bekam er all dies geschenkt. Wir waren viel zu unzivilisiert, um Wert auf persönlichen Besitz zu

legen. Wir strebten Besitz nur an, um ihn weitergeben zu können. Wir kannten kein Geld und daher wurde der Wert eines Menschen nicht nach seinem Reichtum bemessen. Wir hatten keine schriftlich niedergelegten Gesetze, keine Rechtsanwälte, keine Politiker, daher konnten wir einander nicht betrügen. Es stand wirklich schlecht um uns, bevor die Weißen kamen und ich kann es mir nicht erklären, wie wir ohne die grundlegenden Dinge auskommen konnten, die – wie man uns sagt – für eine zivilisierte Gesellschaft so notwendig sind."

Diese Worte führen zu einigen Gedanken... Jesus Urlauber sagt heute:

Was wir HATTEN, war ein Weg, Güter, Fähigkeiten und Informationen umzuverteilen, sie für Geld herzugeben, und Geld zu geben, um sie zu bekommen.
Wir hatten zentrale Gremien, die den Fluss des ganzen Zeugs kontrollierten. Wir hatten haufenweise Zeugs, aber noch viel mehr hatten wir großen Mangel an Zeugs.

Wir mussten im Sinn von Konkurrenz denken und arbeiten, statt im Sinn von Kooperation und Zusammenarbeit. Es schien, als könnten wir alles haben, aber die meisten von uns hatten niemals was. Wir hatten Armut, wir hatten Kriege, wir litten, forderten und trauerten. Wir hatten ein paar gute Zeiten, doch die größte Zeit haben wir uns verhalten wie Sklaven, abhängig von dem Geld, das wir brauchten um zu überleben.
Wir arbeiteten permanent gegeneinander, in einer steten Angst, zurückgelassen zu werden. Wir gaben alles, indem wir für Andere arbeiteten, um zu überleben und uns nützlich zu fühlen. Wir strebten nach Anerkennung, die wir nie bekamen. Stattdessen wurden wir bezahlt, unseren Job zu tun, und das hat uns alle wahnsinnig gemacht!

Was wir brauchten war ein Weg, Güter, Fähigkeiten und Informationen, ohne Geld umzuverteilen. Wir brauchten die Freiheit, jeden Moment selbst zu entscheiden, wie wir im jeweiligen Moment nützlich sind, um die Anerkennung zu bekommen, die das Futter des Selbstwertgefühls ist. Wir brauchten die Freiheit,

Güter, Fähigkeiten und Informationen im Hier und Jetzt zu tauschen, lokal, und ohne die Erlaubnis von irgendjemand, der den Chef spielt und so tut als würde er in jeder Form vom Geschäft gebraucht. Wir mussten wieder unsere eigenen Chefs werden. Jeder für sich selbst, der jeden anderen für sich auch so behandelt. Wir brauchten einen gängigen Weg, füreinander da zu sein, und zwar ohne jedwede Bedingung. Wir brauchten eine Welt-Wirtschaft, die einem freien Fluss folgte, gesteuert durch Bedarf, und nicht durch Geld. Wir brauchten eine EINSICHT:

> *Wenn wir alle alles frei GEBEN,*
> *BEKOMMEN wir auch alles frei!*

Das ist simple Logik; wenn alles frei hergegeben ist, bleibt nichts übrig, für das noch Geld bezahlt werden könnte!

Es gibt zwei Hauptgründe, warum wir das in der Vergangenheit nicht konnten:

1. Wir hatten Angst irgendwas frei heraus zu geben, weil es kein anderer tat
2. Es war verboten

Aber dann kam die Finanzkrise, und wir fingen an, einen Kollaps mehr zu fürchten, als allein damit zu stehen, Dinge frei herzugeben.

Und so fingen wir an, unseren Krempel untereinander auszutauschen. Wir wussten, dass das illegal war, und dass wir *so* entgegengesetzt der Richtung lebten, die vorgegeben war. Wir nahmen nichts, das nicht frei hergegeben wurde, und konzentrierten uns auf das Verfügbare. Was täglich mehr wurde.

Wir fanden heraus, dass wir WERT haben. Dass unser neues Schaffen uns zu der Anerkennung (im Innen wie im Außen) führte, wenn wir für die arbeiteten, die uns mit Liebe, und Kost und Logis bezahlten, und die unsere Arbeit auch zu schätzen wussten, und dankbar waren. Wir fanden heraus, dass wir NICHTS tun mussten, das wir nicht tun wollten, wenn wir uns einfach auf die Dinge konzentrierten, die Spaß machen. Oder das Nötige mit Spaß angingen. Und Anderen so eine Hilfe waren. Jeder von uns ein Spezialist auf seinem Gebiet, unsere eigenen Möglichkeiten entwickelnd. Verbunden durch diese Atmosphäre, die uns erlaubt, frei zu sein!

Gib frei – Bekomme frei – SEI Frei

Der Wunsch nach Freiheit eint uns ALLE. Alle von uns streben nach Glückseligkeit und versuchen, Leiden zu vermeiden. In der Vergangenheit waren wir darin so *miserabel*, einfach weil wir NICHTS frei hergegeben haben. Also gab es nichts, das man frei hätte bekommen können, nicht einmal Liebe. Also mussten wir arbeiten gehen und waren nicht frei. Dreh- und Angelpunkt unseres Verhaltens war die Abhängigkeit vom Geld. In einer Welt, in der nichts frei verfügbar ist, kann niemand frei sein.

Also fingen wir an, mit dem Verfügbaren zu leben. Im Internet fingen wir an, uns ebenseitig zu inspirieren.

Wir lernten von Dingen wie EcoHousing, Permakultur, freier Energie, Selbstheilung, und Kräften, die immer schon in uns geschlummert haben, geduldig darauf wartend, dass wir uns an sie erinnern. Wir lernten, wie man kommuniziert, ohne sich dabei gegenseitig Willen aufzudrücken. Wie man offen über jedes Thema sprechen kann.

Und wir lernten, Daten über P2P-Netzwerke zu teilen. Peer-to-Peer, ohne einen zentralen Server. Der nächste logische Schritt war, in Analogie zu diesen P2P-Netzwerken, über die wir Daten ohne zentralen Ser- ver teilten, eine Ökonomie zu erschaffen, in der wir Güter, Fähigkeiten und Informationen Person-zu-Person (P2P) teilen konnten, ohne ein zentrales Kontrollorgan.

In dieser Ökonomie ist jedes beteiligte Individuum eigenständig. Unabhängig von Einzelnen, aber in Symbiose mit dem gesamten Organismus. Was auch im- mer wir tun, tun wir für das gesamte System, in dem wir nun leben, brauchen aber niemals etwas zu tun, das wir nicht tun wollen, oder gar können.

Die zentralen Kontrollorgane wurden ersetzt durch Eigenverantwortung und „Füreinander da sein". WIR wissen alles über unsere Bedürfnisse, und können am effektivsten dafür sorgen, dass sie gestillt werden. WIR sind die, die alles machen. WIR sind die Schöpfer unserer Realitäten!

Eine zweite Einsicht ersetzt den Bedarf an Polizei oder Regierungen, und – vor allem – irgendwelcher anderer Gesetze:

*Richte keinen Schaden an,
dann kannst Du tun und lassen was Du willst.*

Auch das ist simple Logik, wenn niemand mehr Schaden anrichtet, muss niemand mehr etwas kompensieren, und wo kein Schaden, da kein Kläger. Also brauchen wir keine Polizei mehr, keine Richter, Anwälte, Gerichte, Gefängnisse, Strafen. Außerdem keine Regierungen und erst recht keine Grenzen mehr.
Inzwischen leben wir in einem komplett neuen System. Wir teilen den Spielplatz Erde mit denen, die im-

mer noch das alte Spiel mit Finanzkrisen, Angst, Gewalt und Gegeneinander leben wollen, und füllen unsere Tage mit Freude und Gelächter, haben Spaß für LAU, leben in wunderschönen Häusern, sorgen für einander und lieben uns, und haben was wir unser Leben lang gesucht haben.

Wir sind frei! Frei von den Maßstäben Anderer, ihrem Geld, ihren Befehlen und Gesetzen, ihren Problemen, ihrer Meinung, ihrer Gewalt.
Wir befreiten uns, indem wir explizit UNSERE Möglichkeiten nutzten, unseren Krempel, unseren (klaren) Verstand, und anfingen, unsere Hände wieder für UNS arbeiten zu lassen. Und weil wir frei davon sind, brauchen wir auch all das oben genannte nicht mehr!

Ferner interessieren uns Rassen oder Spezies nicht mehr, oder woher wir kommen oder wohin wir gehen. Wir sind HIER und JETZT, uns vollständig bewusst darüber, ohne einen Grund, irgendwas zu fürchten und vollständig versorgt mit allem was wir brauchen.

Wer sind wir?

Wir sind freie Menschen, Kinder unserer Mutter Erde, die die Entscheidung getroffen haben, ein anderes Leben zu leben. Zusammen stehen wir für all das was wir sind, frei organisiert und auf Augenhöhe. Wir haben keine Autoritäten außer uns selbst, und tragen die volle Verantwortung für uns selbst. Kombiniert mit allen Pflichten, aber auch den Rechten, die damit einher gehen. Wir haben aufgehört zu fordern und angefangen zu MACHEN.

Eines dieser Rechte ist das der freien Rede. Das Problem ist, dass wir alle einen Mund haben, die Lösung ist, ihn aufzumachen, und DAS zu sagen was wir WIRKLICH denken. Wir wissen alle, wie schwer das am Anfang schien, aber wir wissen auch, wie schnell es einfacher wurde, als wir einmal damit angefangen haben. Und wir freuen uns zu sehen, wie denen, die jetzt damit anfangen es offensichtlich viel leichter fällt als uns vor ein paar Jahren.

Wir sind kein Teil einer sozialen Einrichtung mehr, vielmehr sind wir SOZIAL. Wir akzeptieren keine Regierungen oder Landesgrenzen, wir leben auf freiem Land, wir sind FREILÄNDER!

Unsere Währung ist Dankbarkeit, alles worum wir uns kümmern müssen, ist wann wir wo jeden Tag trinken, essen und schlafen können oder möchten, indem wir unsere Fähigkeiten nutzen, und der Rest ist Spaß, und DÜRFEN!

Unser Gesetz ist das der Liebe, die besagt, dass kein Schaden angerichtet werden sollte, weil er unweigerlich beim Verursacher selbst zu Leiden führt. Und wissen, dass wir SO alle frei sind.

Und unsere Türen stehen immer offen für Fremde, die wir als Teil unserer großen Familie sehen, da wo alles EINS ist, gibt es keinen Gegner.

WIR übernehmen wieder die Kontrolle über uns, inspirieren und helfen einander. Und wenn Du dabei sein willst, dann verhalte Dich einfach, als seist DU der Herrscher über Dein Leben, der Du bist, und wir werden uns bald auf Augenhöhe treffen.

„Niemand ist mein Feind

(außer mir selbst, Anm. d. A.)

meine eigenen Hände halten mich gefangen

(und NUR die, Anm. d. A.)!"

- „Love rescue me", U2

Das Para-Dies und die AllgeMEINE WAHRnehmung!

Inspiriert durch Robert Briechle, *Gründer der www.naturwert-stiftung.de, Danke für all das hier, Bruder!*

Es gab Tage in meinem Leben, in denen träumte ich vom Paradies. Meine Vorstellungen darüber übertreffen meine Fähigkeit, irgendwas davon auch nur ansatzweise in Worte zu fassen, und es schien wie ein Traum. So gut wie unerreichbar, nicht real, weil zu schön, um wahr zu sein. Es dauerte ein wenig bis ich dahinter kam, dass das alles eine Frage der Wahrnehmung ist.

Ich würde hier gern ein paar Gedanken zu diesem Wort *Wahrnehmung* festhalten, die mir immer wieder mal kommen, und in diesem Moment gerade so, als gehörten sie hier hin. Mir ist Folgendes aufgefallen:

Die deutsche Sprache, und dank Robert weiß ich wie sehr es lohnt, die mal genauer unter die Lupe zu nehmen, lässt da was erkennen, was im Englischen bereits nicht mehr sichtbar ist...

WAHR-heit und WAHR-nehmung. Kommt das von ungefähr, dass diese beiden Worte den gleichen Wortstamm haben? Im Englischen heißt Wahrheit *truth*, und Wahrnehmung *perception*. Würde man es wörtlich übersetzen, müsste Wahrnehmung *truth-taking* heißen, und hier sehe ich in der deutschen Sprache eine Bedeutung, die mir ohne diesen gekauderwelschten Vergleich nie aufgefallen wäre. Nehmen wir noch das Wort WAHR dazu, weil es die Bedeutung noch deutlicher macht. Wahr heißt *true* (ich vertippte mich gerade und schrobte "treu", und mir kam der Gedanke, inwiefern true und treu im Zusammenhang stehen, weil sie irgendwie verwandt sind, Treue steht für Bestand, und Bestand brauchen wir um etwas als be- wahrheitet anzuerkennen!).

Wir nehmen wie Wahrheit (=truth) über unsere Wahrnehmung (="truth-taking") wahr (=true). Sie wird dazu, indem wir sie wahr nehmen. WAHRnehmung IST also WAHRheit! Sie ist REALITÄT! Und zwar in Deinem Kopf! Alles was nötig ist, ist sie bewusst WAHR zu nehmen! Wahrnehmung IST Wahrheit IST Realität! Es ist dumm, seine Zeit damit zu vergeuden, das was wir wahrnehmen, ALLES WAS IST, in Frage zu stellen und so nach der Wahrheit zu suchen, die man so nicht finden kann wie die Brille auf der Nase! Weil man sie vor Augen hat, sie aber nicht SIEHT. Wahrnehmung IST Wahrheit IST Realität IST Alles was IST! Und da alles was ist von Deiner Sichtweise abhängig ist, nimmst Du DEINE EIGENE SICHTWEISE, DEIN WELTBILD, DEINE WELT, DEIN UNIVERSUM, DEINE MATRIX wahr. Sprich: Du hast Deine eigene Wahrheit wie jeder andere auch, und eine andere gibt es nicht. Man kann sich drüber austauschen oder drüber kloppen, aber es gibt nur diese EINZIGE WAHRHEIT: Es gibt keine einzige Wahrheit! Und das Universum grinst im Hintergrund und erfreut sich an seinem paradoxen Humor. Ich fasse nochmal zusammen:

Wahrnehmung IST Wahrheit IST Realität IST Alles was IST Deine Welt!

So, lass das mal ein Weilchen sacken und beobachte was in Dir passiert, ich finde es immer wieder faszinierend :D

Zurück ins Dies... und weiter ins Para-Dies!
Mir wird klar, warum wir den kleinen Extra-Ausflug in die Wahrheit der deutschen Sprache gemacht haben, denn das ist Basiswissen, um das Kommende zu verstehen. Is ja echt wie im Film hier ;)
Also, wer weiß was das Dies ist? Fritzchen hebt den Finger und sagt: "Herr Lehrer, ich weiß es! Es ist das Hier und Jetzt, dieser Moment, so wie ich ihn wahr nehme." Der Lehrer hebt verdutzt die Augenbrauen und wundert sich, dass von dem Knilch mal was Sinniges kommt. "Woher weißt Du das?", will er wissen. Fritzchen schaut genau so verwundert zurück und sagt: "Na, Sie haben es doch gerade erklärt!" – "Ja, aber ich hab noch nie erlebt dass du mir zugehört hast!" Fritzchen grinst frech und sagt: "Willkommen in der realen Welt!". So lernen wir aneinander ;)

Dies hier ist also die reale Welt, und zwar alles was ich davon wahr nehme, egal ob ich es in der Materie, der Phantasie, in Träumen, Gefühlen oder Gedanken wahr nehme. Alles was in meiner Wahrnehmung passiert ist IN IHR real. Und DIES alles ist das, was ich mir anschaue. Als Seele in 5D, die es in 3D erlebt. Und dabei folge ich nichts weiterem als meinem Interesse. Meine Intuition zeigt mir, wohin ich gucken, gehen oder was ich machen soll, aber sie folgt dem, was ich gern erleben würde. Folge ich meiner Intuition nicht, erlebe ich Anderes. Das passiert leicht, wenn wir uns Ablenken lassen. Und die alte Welt bietet eine Unzahl an Ablenkungsmanövern. Politik, Wirtschaft und Religion sind die effektivsten, alles was Angst macht und unser Ego anspricht, lenkt ab davon, einfach unserer Intuition zu folgen. Manchmal tun wir es instinktiv, also unbewusst, und noch seltener tun wir es, während wir uns dessen voll bewusst sind, aber IMMER tun wir es unterbewusst, also von unserem höheren Selbst, uns selbst in der Totalen (5D) gesteuert. Wir können de facto nichts anderes tun als unserer Intuition zu folgen, also unseren inneren Reaktionen auf äußere Impulse. Es ist nichts anderes da in diesem Konzept. Doch da, wo es durch Ablenkung ausgeblendet ist, können wir es nicht sehen.

Dies ist also das Dies.
Was ist dann das Paradies? Eigentlich müsste man schreiben: Was sind dann Para-Diese? Dann fällt es leichter auf. Gemeinhin versteht man unter dem Paradies einen lebenswerten Ort, voller Schönheit, die Engel singen, und wenn man Glück hat, war man lieb genug, dass Petrus einen durchlässt, und wenn man vorher ein Selbstmordattentat verübt hat warten da 72 Jungfrauen auf Dich blabla. Wie soll man sowas greifen? Es ist ein Hirnkonstrukt, das designt wurde, um explizit nicht greifbar zu sein. Der Garten Eden existiert nicht. Jedenfalls nicht irgendwo, sondern wir stehen mitten drin! Wir nehmen ihn nur nicht wahr. Weil wir damit beschäftigt sind, Krieg zu spielen und unsere albernen Streitigkeiten mit unserer Aufmerksamkeit zu füttern. Und NUR deswegen! Wir alle kennen das Paradies aus "besonderen" Momenten. Wir alle haben diese Situationen schon erlebt, dass wir uns ge-

fühlt haben wie im Himmel, meist war es etwas, das mit Liebe zu tun hatte, und dann schnell in Hass kippte, der auch nur verkannte Liebe ist. Wir bringen heute vermehrt andere Werte damit in Verbindung. Freiheit, Gleichheit, Brüderlichkeit, Nächstenliebe, all die Dinge, die Politik und Religion uns versprachen damit wir ihnen in die Hölle folgten. Doch sie versprachen es nur, und befahlen uns, uns gegenseitig zu zerfleischen. Und wir gehorchten. So langsam merken wir es. Und hören auf damit. Und fangen an, diese Dinge in uns selbst zu finden. Und DIE verschaffen uns Eintritt in völlig neue Möglichkeiten, unsere Welten wahrzunehmen. Denn die Hölle, in der wir bisher lebten, ist NUR <u>EINE</u> MÖGLICHKEIT, das DIES WAHR zu nehmen! Das Dies ist das SEIN, und es birgt alles nur Vorstellbare in sich. Das Leben selbst ist das Sein. Die Liebe, Gott, etc.

... ICH. Ich berge alles nur vorstellbare in mir, und es kommt das zum Vorschein, auf das ich meine Aufmerksamkeit lenke. Mit ihr füttere ich das, womit ich mich beschäftige. Dadurch wird sie in meiner Wahrnehmungskugel immer größer, und wenn da nur Müll drin ist, dann kann ich tatsächlich auf Dauer vergessen, dass es auch bis an die Grenzen des Vorstellbaren Schönes gibt. ALLES in mir wächst, wenn ich es mit Aufmerksamkeit füttere. Alles was ich nur wahrnehmen kann.

Die Frage ist, was nehmen wir wahr und warum tun wir es? Nun, hier auf diesem Planeten haben wir unsere Gedanken quasi einer Denk-Mode angepasst. Es ist in Mode, alles negativ zu sehen, weil es zum Spiel gehört, dass wir hier gerade ALLE spielen. Hier auf der Erde. Wer anders denkt wird fertig gemacht. Noch Fragen?

Der Sinn des Spiels ist, für sich eine Möglichkeit zu finden, genau das wieder abzulegen. Hat man eine gefunden, gilt es, Mitspieler zu finden die sie mit verbreiten. Das Ziel des Spiels ist, alle Mitspieler mit Möglichkeiten zu versorgen, dieses Dies zu verlassen und aus dem Labyrinth heraus zu kommen, das es bildet. Niemand wird zurück gelassen. Ist der Letzte der raus will raus, ist das Spiel zu Ende, die Erde wird zu Partyzone erklärt und die Seelen, die weiter Krieg spielen wollen, werden in anderen Projektionen die Gelegenheit haben, weiter zu machen. Aber ich will nicht zu viel vorweg nehmen. Das würde dem Ganzen ja die Spannung nehmen.

Du hast jetzt den Schlüssel und die Tür. Durchgehen musst Du selbst, und bitte: rechne mit jedem, meinetwegen mit Petrus, der an der Tür auf Dich wartet, aber NIEMAND wird Dir den Eintritt verwehren, wenn Du die EINZIGE nötige Bedingung erfüllt hast. Und die ist, die Waffen aus der Hand zu legen. Und das kann man nicht brechen. Mit Waffen kommt niemand ins "Paradies", in eine friedliche, ruhige und zivilisierte Welt, weil diese Welt überall da ist, wo KEINE Waffe eine Bedrohung darstellt. Wer im Paradies eine Waffe zu gebrauchen gedenkt, ist allein bei dem Gedanken bereits schon nicht mehr drin. Das macht solche Gedanken aber auch gleich nach Eintritt in die heiligen Hallen extrem unattraktiv, also keine Sorge. Ich erinnere hier noch einmal daran, dass nichts aus der Hand gelegt werden muss, sondern einfach nichts mehr gegen jemanden verwendet werden braucht. In

Gedanken, Worten und Taten sind Waffen das, was das Gegeneinander, und Werkzeuge das was das Miteinander fördert. Alles kann Beides sein, die Natur eines Gegenstandes wird bestimmt durch die Hintergründe des Gebrauchs. Es wird alles immer einfacher.

Bist Du bereit für eine lebenswerte Welt, in der das Leben Wert hat?
Es ist EIN Satz, der ausreicht, Dein Ticket zu sichern, einer wie dieser:
"Ich habe keine Feinde mehr!"
Du musst ihn ehrlich meinen, ihn WAHR nehmen, und nach ihm leben, und Du wirst sehen, wie sich Dein Leben danach richtet und ihm auch folgt. Und schon hast Du Dich von einem Homo Sapiens in einen Freien Menschen gewandelt. Geh den nächsten Schritt und sei ein freies LEBEWESEN (Seele, Bewusstsein, Unterbewusstsein, Höheres Selbst, Ich, Du weißt schon). Damit bist Du auf Augenhöhe mit Allem. Viel Spaß in der neuen Welt, oh Gott! Ab hier und jetzt schöpfst Du Dein Universum eigenständig, mit allem verbunden, durch nichts getrennt. Du BIST! Hab Spaß dran ;)

Selbstheilung

Inspiriert durch Krankheiten, Medizin und offenen Geist!

Jesus, irgendwie kommt mir dieses Buch, das es zu werden scheint immer mehr wie eine Reise vor. Warst Du als Leser auch an so vielen Stellen in Raum und Zeit wie ich beim Schreiben? Mich haut es hier durchs ganze Universum, dann wieder zu mir, und wieder zurück, aber ohne dabei die Richtung zu wechseln.

So viele Kapitel muten anfangs so kompliziert an, und enden so leicht. Es macht Spaß es zu schreiben, und ich fülle mich immer mehr mit Liebe. Ich merke, wie ich ehrlich gesagt das Buch gar nicht schreibe, es schreibt sich irgendwie von selbst, es schreibt sich durch meine Finger. Ich danke an dieser Stelle herzlich dem Sender, und mir wird immer klarer, dass das hier ein Buch von Allem was ist an Alles was ist ist. Herrlich find ich das! Ich freu mich wenn das Lesen für Dich ein annähernd aufregendes Abenteuer ist wie für mich das Schreiben.

Wenden wir uns den Krankheiten zu, bevor wir uns auf den Weg zur Heilung machen, damit wir verstehen was die Heilung uns zu bieten hat.

Krankheiten sind eigentlich kein Übel, sondern Auswirkungen, Symptome ungesunden Verhaltens. Ich schrieb im Vorfeld schon, dass ich mit gesund einen Zustand meine, unter dem keiner zu leiden hat. Leidet jemand unter etwas, nenne ich es ungesund, und krank ist nach meinem Verständnis, wenn man sieht, dass jemand unter etwas leidet oder es sonst irgendwie mitbekommt.

Unser Körper folgt unserem Geist. Wissen wir, der Arm braucht einen Impuls des Gehirns um sich zu heben und so. Alle Materie folgt geistigen Vorgaben. Das ist, was die Wissenschaft gerade krampfhaft versucht zu wiederlegen, weil es zu glauben bedeuten würde, dass man sämtliche Theorien nach denen man in der westlichen Welt so lebt über den Haufen werfen müsste. Das bedeutet, der Verstand der Wissenschaft müsste zugeben, dass er Unrecht hat. Das tut der Verstand der Wissenschaft aber genau so ungern wie der eines jeden Anderen, der noch im Spiel des Gegeneinanders gefangen ist. Und ist demnach quasi nicht klar im Kopf. Da die Wissenschaft also nicht ganz klar im Kopf ist, und die Schulmedizin mal erst recht nicht, sondern äußerst berechnend, von "oben" gesteuert, und weitaus größeres Interesse an wirtschaftlichem Wachstum als an gesunden Menschen hat, sollten wir mal für ein Weilchen alles ausblenden was wir von den an Universitäten geschulten Ärzten wissen. Die wissen viel, können auch viel, aber nicht dafür sorgen dass keiner mehr krank ist. Könnten sie es, stellt sich die Frage warum sie es nicht tun. Wenn man mal wertfrei hinschaut, erkennt man, dass das Gegenteil passiert. Da die Pharmaindustrie sämtliche Forschungsarbeiten im medizinischen Bereich finanziert und steuert, und auch die Mediziner an ihren Hochschulen ausbildet, diese Industrie aber Geld verdienen und Macht erhalten und ausbauen will, lernen die Mediziner an den Hochschulen nicht, wie man Menschen heilt, sondern - platt ausgedrückt - wie man Pillen verkauft. Ich weiß, es tut weh, es wahr zu haben, aber da nützt alles weg schauen nichts, es IST WAHR. Ist aber nicht schlimm, wie wir gleich erkennen werden.

Mir fiel irgendwann mal auf, sagen wir, man erzählte mir davon, dass in China ein Arzt als ein guter Arzt gilt, wenn er möglichst wenige kranke Patienten hat. Als ich das hörte fand ich, dass DAS auch wirklich ein guter Arzt sein musste. Seine Patienten sind gesund! Folglich musste er was anderes tun, als ein Symptom zu erkennen, das einem Warnlämpchen im Auto gleicht, und es mit Hilfe von Pillen verschwinden zu lassen, was dem Entfernen des Birnchens im Lämpchen gleich kommt, damit es nicht mehr leuchtet. Wenn er es schafft, gesunde Patienten zu haben, muss er es geschafft haben, durch das Symptom die URSACHE gefunden zu haben, das ungesunde Verhalten des Patienten, und ihm ein Gegenmittel verabreicht haben, durch das die URSACHE verschwunden ist. Und die ist IMMER im Kopf zu finden, wie wir als aufgeweckte kleine Kerlchen jetzt schon wissen. Er wird dem Patienten noch etwas mitgegeben haben, das seinem Körper hilft, das Lämpchen schnell ausgehen zu lassen, aber das ist eben nicht das Einzige was er getan hat.

In einer Welt, in der er aber drauf angewiesen ist, Geld zu verdienen um Kost und Logis, und vielleicht auch das ein oder andere Spielzeug bezahlen zu können, auch Ärzte haben ein Recht, Spaß zu haben, kann ein Arzt sich genau DAS aber nicht LEISTEN. Er ist darauf ANGEWIESEN, dass Patienten mit Beschwerden kommen, und so hat er nichts davon, wenn sie einmal zu ihm kommen und dann nie wieder, weil ein Arzt in der westlichen Welt das meiste Geld eben über das Verschreiben von Medikamenten und medizinischen Gerätschaften verdient.

Eine weitere Beobachtung:
Früher ging man zum Arzt und wurde gefragt: Was FEHLT Dir? Während man heute allgemein danach fragt, was man HAT wenn einem was fehlt oder man was hat. Nun, beides sind Sichtweisen, und wir sehen wie entgegengesetzt sie sind. Und damit wären wir auch schon wieder bei der Wahrnehmung. Das Problem ist, dass immer ein MANGEL – und zwar an

RUHE – zu sämtlichen körperlichen Gebrechen führt. Darauf kommt man aber nicht, wenn man explizit danach gefragt wird, was man HAT! Dann sieht man nur die Symptome, und findet es deswegen auch ok, dass der Arzt auch nur die behandelt. Weil man gar nicht an den Mangel denkt. Dieser Mangel an Ruhe lässt sich allerdings schon lange vor den Symptomen erkennen, und zwar durch den STRESS, der sein Erscheinungsbild ist. Stress ist die Ursache aller Krankheiten und Gebrechen. Unvorsichtiges Verhalten führt zu Unfällen, nichts anderes. Das Schema ist IMMER das Selbe.

Nächste Beobachtung:
Es gibt so viele Menschen die sich Heiler nennen, aber die Einzigen die ich jemals beim Heilen beobachten konnte waren Körper und Geiste! Ich selbst habe einiges gelernt, durch das ich einen heilenden Körper bei der Heilung unterstützen kann, einen ungesund denkenden Geist ebenso. Aber weder kann ich Körper noch Geist heilen. Das tun die ganz von allein, wenn die dazu gehörige Seele in die entsprechende Wahr-

nehmung rutscht. Schneide ich mir in den Finger, heilt mein Organismus die Wunde. Toll ist, wenn meine Seele erkennt, dass sie "ICH" ist, das mit dem in den Finger schneiden fortan sein lässt, und so bin ich mein eigener Arzt, der gerade Ursache, Symptom und Diagnose feststellen konnte. Jetzt ist die Frage: hab ich mich mit Absicht geschnitten, oder war es ein Unfall. War es Absicht, kann ich es auch absichtlich einfach sein lassen. War es ein Unfall, dann war der Schnitt keine Absicht sondern unvorsichtiges, also ungesundes Verhalten. Was bedeutet unvorsichtig zu sein? Nicht bei der Sache zu sein, und das bedeutet: Das was ich mache, mache ich nicht aufmerksam, und das, weil ich die dazu nötige Ruhe nicht habe. Habe ich Ruhe, kann ich das nötige Maß an Aufmerksamkeit aufbringen, VOR-sichtig zu sein, den nächsten Schritt zu sehen und ihn DANN zu gehen, und es wird keinen Schnitt in den Finger geben. Oder noch Schlimmeres. Die Medizin und die Eugenik erzählen uns so extrem viel Müll über genetisch bedingte Phänomene, gegen die wir scheinbar hilflos da stehen. Und nicht sehen, dass Genetik eher mit Memetik zu tun hat, als mit Ge-

nen. Wer an dieser Stelle nicht weiß was Memetik ist, legt mal bitte das Buch beiseite, und setzt sich an einen Rechner, findet bei youtube.com "Vera F. Birkenbihl – Viren des Geistes" und gönnt sich bitte von Herzen die nötigen 2 Stunden, um sich diesen Vortrag anzuhören. Es wäre Mummpitz wenn ich hier versuchen würde zu beschreiben was Memetik ist, wenn sie es dort so wunderbar macht! Danke übrigens an dieser Stelle an diese letztes Wochenende verstorbene unsterbliche Frau, sowas von inspirierend hab ich selten was gefunden!
Im Groben kann man sagen: Ein MEM gibt vor ein Fakt zu sein, ist aber keiner.
Wem das genügt um weiter folgen zu können, der lese getrost weiter.

Der Körper heilt also ganz von allein, das is ja'n Ding! Warum tut er das, und wie geht das? Es gibt etwas, das unser Körper kann, was der Geist offensichtlich nicht kann. Und das ist wie das ABC unsere DNS (DNA) lesen! Es kann nicht anders sein, denn sonst wüsste er nicht, wie er sich aufzubauen hat. Jede einzelne Zelle unseres Körpers kennt den Code, um die DNS zu entschlüsseln, sonst wären wir braune verklumpte Haufen, sähen aus wie das was wir uns täglich aus dem Hintern drücken. Hast Du schon mal Scheiße beim Sex beobachtet? Ich bleib mal einfach bei dem Wort, weil ich es gerade witzig und passend finde. Also, der Grund warum man Scheiße nicht beim Sex beobachten kann, und auch nicht beim Gebären oder wachsen oder heilen - OBWOHL sie organische Masse ist, also aus Zellen besteht - ist, weil diese Zellen ihre DNS nicht mehr lesen können, weil sie tot sind. Das ist jetzt nicht so dramatisch, sie werden sich in ihre subatomaren Bestandteile auflösen und von da aus neuen Gedanken verhelfen, materiell wahrnehmbar zu werden.

Worauf ich hinaus will, ist das lebende Zellen wissen, wie sie auszusehen haben, jeder lebende Organismus selbst eine Zelle eines größeren Organismus ist, und wie jeder Organismus und jede Zelle eine eigene Entität bilden, die einen eigenen Selbsterhaltungstrieb hat. Es liegt also in unserer NATUR, uns gemäß unserer Gene möglichst HEIL sein zu lassen.

Der Geist steuert die Gene, über ihn steuern wir aus der Komplettansicht unseren gesamten Körper. Und das tun wir über die Informationen, die wir zur Verfügung haben, das zu tun. Welche das sind, liegt immer daran, welche wir dem Geist erlauben zu denken.

Jede Zelle, und jeder Organismus steht im RUHE-Modus auf Regeneration, während sie im STRESS-Modus auf Abwehrhaltung steht. Wer sich mit beiden Händen vor dem Kopf schützt, hat gerade keine Zeit, und vor allem nicht die nötige Kreativität, zu regenerieren, etwas schön und liebevoll wieder aufzubauen wenn was kaputt gegangen ist. So entsteht Krebs. Weg geht er, wenn man seinem Leben hinsichtlich alter Gewohnheiten den Rücken kehrt, das einem keine Ruhe gegönnt hat. Man suche sich neue Gewohnheiten, die ein ausgeglichenes Maß an Ruhe (und das am besten bei allem was man tut) ermöglichen, und sehe sich selbst beim Regenerieren zu. Das ist dienlicher als hiervon auch nur ein Wort zu *glauben* zu versuchen.

Öffne Deinen Geist für diese Dinge, interessiere Dich, und lass Dich selbst erfahren was dahinter steckt. Die nötigen Inspirationen, die es Dir ermöglichen das zu tun, hast du gerade gelesen.

So langsam müsstest Du Dein Leben greifen können, und bereit sein, den Sprung in die Neue Welt zu tun. Die Macht ist mit Dir!

- Tag 4 -

15.12.11

OnMind-Gaming

Inspiriert durch Patex, *beim Installieren das Weltfriedens mitten im Krisengebiet, DANKE!*

Im Winter 2009/2010 hatte ich mein Basislager in Düren bei meinem Freund und Bruder Patex aufgeschlagen. Von dort aus fuhr ich in alle Teile Deutschlands und Umgebung, und dort hin kam ich in dieser Zeit immer wieder zurück.

Weihnachten 2009 war wohl das Bemerkenswerteste das ich je hatte. Über die Feiertage saßen wir zu fünft in Patex Wohnzimmer, die Jungs waren da und hatten ihre X-Boxen mitgebracht und vernetzt. So standen im Zimmer vier Riesen-Fernseher, und dazwischen mein kleines Netbook. Ich tat, was ich seit fünf Jahren tat: ich installierte den Weltfrieden, nutzte dabei meinen Internetzugang um mit anderen Love-Guerilla zusammen zu arbeiten, während die Kulisse um mich herum sich nach Bagdad anfühlte. Während um mich herum Kugeln, Granaten und Bomben flogen, schrieb ich von Liebe und Brüderlichkeit. Das Schöne war, dass die

Jungs nicht immerzu das gleiche Spiel spielten, und auch nicht immer zusammen. Immer wieder spielte einer mal was für sich. So war ich nie ganz allein in diesem Zimmer, das so real die Welt da draußen spiegelte.

Ich hatte immer mehr das Gefühl, auch zu "spielen", und mir fiel auf, dass ich im Prinzip nichts Anderes tat als die Anderen: Ich drückte im möglichst günstigsten Zeitpunkt die notwendige Taste, so wie ich es hier auch gerade mache. Alles was ich tat, rief eine Reaktion im Außen hervor, und alles was ich tat veränderte etwas, auch IN mir.

Zu der Zeit bekam Patex dann endlich mal auch einen Internet-Zugang, weil er mitbekommen hat, wie viel Spaß es macht online zu zocken, sich mit anderen zusammen zu schließen, egal wo sie waren. Und das ließ mich dann erkennen, dass ich WIRKLICH nichts Anderes tat. Ich war onMIND vernetzt mit Anderen, immer bewusster mit ALLEM, und spielte ein Spiel. Immer bewusster wurde mir vor allem, dass es nie anders war.

Die modernen digitalen Spielkonsolen bieten eine wunderbare Analogie zu der analogen Spielkonsole, die wir "Kopf" nennen. Sie bieten im Prinzip eine audiovisuelle Kopie des "realen Lebens", ich drückte damals erstmals aus, dass ich nicht Second Life spiele, sondern FIRST Life!

Second Life bietet dem Spieler ein Leben wie er es sich vorstellt, wenn ihm sein First Life zu langweilig ist, oder eben nicht so wie er es gern hätte. Und ich brauchte kein Second Life mehr, weil ich über die Jahre gelernt hatte, mich zu trauen, mein reales Leben so zu leben wie ich es als lebenswert empfand.

Bereits 2007 kam die Idee mit der Kopfkonsole - ich erlaube mir, das Regelwerk des NuEra-Spiels in den Anhang dieses Buches zu setzen, denn damit begann es. Es war für mich ein wenig wie Pingpong auf den ersten digitalen Konsolen, es geht bei dem Spiel um nichts weiter als das Sammeln grüner und das Umgehen roter Punkte. Die einzige Regel lautet: **"Tu alles, was nötig ist, um Deine Momente grün zu markieren.**

Sprich: Tu alles, was nötig ist, um glücklich zu sein." Denn die glücklichen Momente werden zu grünen Punkten, die nicht glücklichen Momente zu roten. Warum ich hier davon schreibe, ist ein Absatz in der Einleitung, die da heißt:

> Wenn Du willst, kannst Du sofort loslegen. Du brauchst nichts weiter als Deinen Kopf. Stell Dir vor, Du fährst ihn hoch wie eine Spielkonsole. Das Spiel lädt, startet, das Logo wird gezeigt und Du liest gerade genau das hier. Du nimmst noch mal die Hülle des Spiels in die Hand und studierst die Rückseite:

Einleitung einer völlig neuen Spielgeneration. Mitten drin, statt nur dabei! Super-WOW-leckmichamarschisdasgeil-Grafik, Dolby Surround LIVE, full emotion- technologie, sniffthis-geruchstechnik, touch-feel-sensor, incl. mitgeliefertem USB- Zungenstück für echtes Geschmackserlebnis!

„Lauf durch eine absolut reale Welt und übernimm die Kontrolle über jede Bewegung! Abermilliarden Mitspieler, unzählige Landschaften, Fahrzeuge, Häuser, und das beste Bami Goreng beim Chinesen um die Ecke! Führe ein Leben, so wie Du es tun würdest."

Achtung: „Spiel erfordert den Mut, seine eigenen Entscheidungen zu treffen und nach ihnen zu handeln!"

Mit diesem kleinen Spielchen fing ich weniger an, mein reales Leben zu leben, sondern viel mehr, mir darüber bewusst zu werden, dass ich das bereits auf genau diese Weise schon immer getan habe. In der Analogie zu Patex Online-Zockerei kam mir der Begriff OnMind-Gaming, den ich nur zu passend fand, um das Leben zu beschreiben. Und damit war der Startschuss gegeben, mein Leben voll bewusst wahr zu nehmen, so wie ich es heute kann. Und es wird immer noch immer besser. Jeden Tag lerne ich in diesem Spiel Neues dazu, aber EINES hat sich gewaltig geändert: Ich WEISS, dass es ein Spiel ist! Der Schrecken dessen was ich wahrnehme ist verflogen. Ich identifiziere mich nicht mehr mit dem was ich wahrnehme, sondern mit dem, der wahr nimmt!

In 3D, in der Detailansicht, bin ich der der erlebt, und in 5D, der Komplettansicht der, der spielt. Ich schaffe es inzwischen sogar, beide Dimensionen gleichzeitig wahr zu nehmen, kann mich dabei erleben, zu steuern was ich gerade erlebe. Und das geht immer besser genau nach meinen Vorstellungen.

Wenn Du jetzt Konsolen-Zocker bist, X-Box oder Playstation gewohnt bist, aber Dir jetzt noch nicht groß was darunter vorstellen kannst, was die hier vorgestellte Konsole drauf hat, mach doch mal kurz die Augen zu, dann mach sie wieder auf, und dann guck Dir mal die Grafik an! Analoges Bild, Altah! Reinzoomen bis zum Geht-nicht-mehr, nix mit Pixeln oder Ruckeln! Und dann hör mal um Dich herum, zieh Dir den Sound rein! Und teste mal die anderen Sinne... Du bist mitten drin statt nur dabei. Dabei bist Du aber eben AUCH, wenn Du es Dir auf diese Weise bewusst machst. 3D und 5D, das können die herkömmlich auf dem Markt vertriebenen Konsolen nicht. Aber Dein Kopf kann es. Und das Obercoole ist: Da Du sie gerade schon nutzt, behalte sie, sie kostet keinen Cent. Das Universum schenkt sie Dir! Und sie ist wahrhaft ein Geschenk Gottes! Das Ding ist MEHR als Gold wert! Verkaufen kannst Du sie allerdings auch nicht. Es würde keinem was nutzen, denn jeder kann nur eine Konsole gleichzeitig bedienen, und da bereits jeder Aspekt Gottes mit einer entsprechenden Wahrnehmungskugel ausgerüstet ist, ist Deine Konsole an sich für jeden wertlos. Aber Obacht! Es ist nicht nur durchaus möglich, sondern durch die Vernetzung unvermeidlich, dass andere Aspekte Gottes sich in Deine Wahrnehmungskugel einklinken können, also in Deiner Wahrnehmung auftauchen und sie dadurch verändern! Achte darauf, dass sie sich benehmen, und halte sie sauber. Das verhilft Dir zu einem klaren Verstand.

Es wird Zeit, Dir die Peripherie genauer vorzustellen. Schau dazu mal vor Dich, ungefähr 1,50m vor Dir ist eine Wand, die Du nicht sehen kannst, weit genug entfernt, um gar nicht erst versuchen zu müssen, sie berühren zu wollen, denn das geht nicht. Diese Wand ist eine Kugel, die 360 Grad um Dich herum geht. Diese Kugel ist Dein Steuermodul, auf das ich gleich näher eingehen werde.

Um diese erste Kugel herum, ungefähr im Durchmesser von fünf Metern ist eine weitere Kugel zu Finden. Diese ist die Sinneskugel. Auf ihr wird projiziert, was Deine Sinne Wahrnehmen. Sie ist auch die Schnittstelle der Intuition, dem Input von außen, das Du aber aus Dir selbst heraus durch das Bedienen der ersten Kugel steuerst. Achte beim Vorstellen darauf, dass Du nicht mit Deinem Körper in dieser Bewusstseinskugel sitzt sondern mit Deinem Bewusstsein, und zwar genau an der Stelle der Archivierung Deiner Erlebnisse. Hier entstehen die Vorstellungen von Raum und Zeit. Schau Deine Hand an und mach Dir klar, dass sie eine Projektion auf der Innenseite der äußeren Kugel ist. Sie ist ca. zweieinhalb Meter weg von Dir! Lass den Blick von der Hand auf etwas anderes gleiten und schau dir die Perfektion dieser Simulation an. Erlaube Dir dabei gern, in gebührendem Maße darüber zu staunen! Dein Verstand dürfte inzwischen in der Lage sein, zu verstehen, dass es eine Simulation ist, und an diesen Punkt will jeder, der gerade mit Aufwachen beschäftigt ist.

Zwischen der inneren und der äußeren Kugel ist ein Feld, in dem sich Raum und Zeit ZEIGEN. Durch dieses Feld gehen die Informationen die Du ausstrahlst, sorgen dafür, dass alles Nötige getan wird, um das Entsprechende Ergebnis auf der äußeren Wand wahrnehmbar werden zu lassen. Die Zeit, die sie dafür brauchen ist immer relativ, das heißt so lange wie Du selbst sie wahr nimmst. Das tust Du wie gesagt im Innersten, sprich am Punkt der Archivierung Deiner Erlebnisse.

Je bewusster Du wirst, desto geringer wird der Abstand zwischen den Kugeln, wodurch letztlich bewirkt wird, dass die Zeit schneller zu vergehen scheint, die es braucht, um den Ursachen, die du über Deinen Kontroller eingibst, eine Wirkung folgen zu lassen. Die Wirkung selbst setzt natürlich sofort ein, wahr nehmen kannst Du sie aber erst, wenn die Information, die sie ist, auf der äußeren Kugel ankommt, und sich zeigt. Denk dran: dieser "Bildschirm" zeigt nicht nur Bild, sondern auf ihm nimmst Du Geschmack, Geruch, Geräusche, und Gefühle wahr! Selbst Deine Gedanken nimmst Du auf dieser Wand wahr, sie ist also nicht nur das was du physisch SIEHST!

Deswegen findet gerade in den Wahrnehmungskugeln der Erdlinge etwas statt, was nach jedem Kollektivtraum in der Dualität passiert, aber dennoch etwas unbeschreiblich Erlebenswertes ist, und Schönes! Die

Kugeln kommen auf so gut wie die gleiche Größe, wodurch kaum noch Zeit vergeht zwischen dem was wir denken und fühlen, und dadurch wahrnehmbar machen. Ab hier kann man sich das ganze wahrscheinlich besser als ein Holodeck vorstellen, in dem wie im Traum alles was wir wahrnehmen wollen, SOFORT wahrnehmbar wird. In unseren Träumen ist das de facto auch so, dass alles gleich wahrnehmbar wird, das Problem ist, wenn man vergessen hat, dass die Realität auch nur ein Traum ist. Aber das dürfte dem geneigten Leser bis hier eigentlich klar geworden sein.

Kommen wir zu den Sinnen. Fünf davon dienen der Erfahrung von Erlebnissen, und einer dient der Steuerung.

Der sechste, bzw. erste Sinn ist die Fähigkeit Deiner Wahrnehmung zu trauen. Und genau der ist unter Erdlingen und anderen Wesen in der Dualität leider sehr schlecht trainiert. Die meisten sind es gewohnt, dem zu trauen was Ihre Augen wahr nehmen, darauf sind sie ja auch trainiert. Ich beschreib ihn deswegen hier lieber als die *Vorstellungskraft*, das dürfte geläufiger sein, ist aber im Prinzip das Gleiche. Meist genau- so schlecht trainiert, aber das Wort ist geläufiger und greifbarer.

Über die Vorstellungskraft gehen also die Befehle durch die Innere Kugel ins Feld, und die Auswirkungen werden auf der äußeren Kugel durch die anderen fünf Sinne wahrnehmbar. Mehr brauchen wir über den technischen Kram eigentlich nicht zu wissen, um einen Föhn zu gebrauchen oder einen Toaster braucht man weder zu wissen, wie Elektrizität funktioniert, noch der Föhn oder Toaster, man muss wissen, wie man die Geräte bedient! Ist wie mit den Playstations und X-Boxen, da fragt auch keiner nach, wie sie funktionieren, sondern sobald man begriffen hat, welches Kabel in welchen Anschluss gehört, und welche Knöpfe man wann drücken muss, kann man los spielen. Gehen wir über zum Umsetzbaren.

Ich würde hier gern – so von Zocker zu Zocker – ein paar Dinge mit Dir Teilen, die ich bisher als sehr wertvoll empfunden habe.

Extrem cool sind Head-Up-Displays (HUDs), die Du mit Deiner Vorstellungskraft und dem entsprechenden Impuls auf die Innere Kugel projizieren kannst. Stell Dir einfach einen Bildschirm im Bildschirm vor, sei kreativ, das Design programmierst Du dabei gerade selbst, wie übrigens jedes Design. Es gibt keinen anderen Programmierer in Deiner Kugel, Du bist hier der Einzige, hier bist Du GOTT. Hier geschieht übrigens ALLES in Echtzeit. Was Du empfindest, empfindest Du, simultan, Du nimmst hier alles SOFORT wahr. Zwei meiner am häufigsten gebrauchten HUDs möchte ich Dir hier gern zeigen und schenken, ich nutze sie inzwischen unterbewusst, so wie ich beim Autofahren auch schalte ohne groß noch drüber nachdenken zu müssen. Diese Form von unterbewusstem Handeln ist übrigens eine gesunde, weil ich selbst *bewusst* das Programm geschrieben habe, das dann gerade abläuft.

1. Die Spieler-Liste.

Ich stelle sie mir im HUD immer unten waagrecht vor, von links nach rechts sind alle Charaktere aufgelistet, die mir in meinem Leben begegnet sind und deren Bekanntschaft ich so weit machen durfte, dass ich Charakterzüge von ihnen erkennen konnte. Links stehen dabei die mir dienlichsten, die, die ich am häufigsten nutze, und weiter rechts die, die ich weniger brauche. Ganz links finden sich bei mir Burschen wie *Käpt'n Jack Sparrow*, von dem ich bereits in einem anderen Kapitel beschrieb was ich ihm abgewinnen kann, *McGyer*, der die Fähigkeit hat, immer aus dem Verfügbaren eine Lösung zusammen zu basteln, *mein Vater*, der mir immer durch seine Fähigkeit imponiert hat, rational mit Problemen umzugehen, und so weiter.

2. Die Spiele-Liste.

Die Spiele-Liste stelle ich mir im HUD an der linken Seite vor, senkrecht von unten nach oben. Sie ist wie ein Slot-Rack, ein Steckplatz über dem anderen. Hier lade ich die Spiele, die ich über meinen Tag so spiele, wie Fluch der Karibik, Pippi Langstumpf, Avatar, etc.. Das Tolle an der Kopfkonsole gegenüber dem herkömmlichen Schrott von Microsoft, Sony und Nintendo ist, dass man Spiele parallel spielen kann.

Je nach dem, in welcher Situation ich gerade bin, logge ich die passenden Spiele und Spieler ein (inzwischen in einem Bruchteil einer Sekunde), und bin so immer Herr jeder von mir wahr genommenen Lage. Ich weiß, das hört sich unvorstellbar an, aber 5D-Technik bietet nun mal unvorstellbar viel mehr als 3D-Technologie. Ich schreibe und Du liest das hier schließlich höchstwahrscheinlich, um aus dem Sumpf der 3D-Welt hinaus zu kommen. Das zumindest bewirken Worte wie die in diesem Buch hier so etwas.

Es gibt unendlich viel mehr zu erleben, und Du kannst Dich hier frei austoben. EIN besonderes Spiel ist bei mir immer eingeloggt, und es ist so etwas wie das Grundprogramm für ein Leben im Frieden, in einer zivilisierten Welt, in der man sich nicht nur frei austoben kann, sondern es auch noch genießen! Und das ist eingangs schon angesprochene NuEra-Spiel. Du findest es im Anhang, und auch diesen Klassiker schenke ich heute zum halben Preis ;)

Ich bin froh und immer dankbar, wenn ich auf andere bewusste OnMind-Gamer treffe, mit denen ich mich über dieses Thema austauschen kann. Hast Du bestimmte Gedanken, die Du gern mit mir teilen möchtest, nimm einfach Kontakt mit mir auf und lass uns gemeinsam die Welten des FIRST LIFE erleben. So macht es erst richtig Spaß! Du findest mich übers Internet, probier es mal, ohne dass ich weitere Infos dazu gebe. Sieh es als Teil des Spiels. So machst Du gleich Gebrauch von den neuen, bestehenden Möglichkeiten.

Liebe

Inspiriert durch die Liebe! *Ich liebe Dich!*

Was für ein Wort. Wie unterschiedlich interpretierbar, und dadurch das Wesentliche total ausblendend. Die meisten Leute haben sich das Begehren als Liebe verkaufen lassen, und ich hab das lange genug auch getan. Als Gegenteil der Liebe gilt weitläufig der Hass, der Hass ist aber nichts weiter als das Ebenteil der Begierde, und damit wie gesagt auch nichts weiter als verkannte Liebe. Hass entsteht, wenn wir nicht bekommen was wir wollen, und das hat in 3D mit Liebe überhaupt nichts zu tun, und in 5D so viel wie alles andere auch. Die Liebe existiert als Einziges was im Universum existiert EINHEITLICH, ohne ein Ebenteil zu brauchen. Alles Andere entspringt ihr, ist IN ihr, und vollständig von ihr durchdrungen. Sie ist die Urkraft des Universums, das was wir versuchen mit dem Wort *Gott* genauso stümperhaft zu beschreiben, und sie ist das universelle Gesetz. Ohne Liebe kann nichts leben, weil sich ohne Liebe alles selbst zerstört. Folglich muss alles was es im Universum gibt, Liebe SEIN, von Leben und Bewusstsein, das sie ist, durchdrungen. Ohne das nötige Bewusstsein das etwas wahr nimmt, kann nichts existieren. Zumindest in 3D, in den höheren Dimensionen (ab der 5., die 4. ist die Zeit, und die Zeit sind wir selbst), existiert alles was existiert und nicht existiert. Nicht versuchen, DAS zu verstehen, sondern den paradoxen Humor des Universums, in dem alle Widersprüche sich ergänzen.

Es gibt allerdings Flecken im Universum – auf der Erde gibt es eine ganze Ansammlung davon – in denen die Liebe nicht vorhanden scheint, weil sie nicht wahr genommen wird. Das bedeutet aber weniger, dass sie da auch nicht ist, sondern dass sie von den Beteiligten in ihrem Bewusstsein AUSGEBLENDET wird. Das Lernspiel, das wir alle hier spielen, durch das wir uns als Seelen weiter entwickeln, sagen wir "veredeln" können, bedingt sich dadurch, dass die Mitspieler sich explizit vom Licht abgewendet haben. Das machen wir, indem wir entsprechende Blenden für den Geist aufbauen, und das tun wir über Äonen von Generation zu Generation, indem wir Programme von Kopf zu Kopf kopieren, und immer weiter ausbauen und anpassen, um uns über in 3D nicht vorstellbare Zeitspannen hinweg und Unmengen an Inkarnationen an einen Punkt wie den aktuellen zu arbeiten, in dem wir als Gemeinschaft (die wir trotz allen scheinbaren Hasses und Gegeneinaders SIND!) den Ursprung von Allem, also die Liebe, Gott, wie wir sie zu Recht nennen, in dem Maß vergessen haben, dass es Bücher wie dieses und einem ganzen Haufen mehr bedarf, uns ebenseitig wieder daran zu erinnern. Die Erfahrungen, die wir gerade machen wollen sind die, die damit zusammen hängen, wie man von einem solchen Punkt der Dunkelheit und der Angst (die nichts weiter ist als die Abwesenheit von Liebe, die man durch die Verblendung des Geistes wahr nimmt), den Weg zurück schafft. Wir haben gute Arbeit geleistet, und ein bombastisches Szenario aufgebaut. In der alten Welt konnte man nur noch das Gruseln anfangen! Naja, zum Glück nicht ganz, es blieb auch noch die Möglichkeit, sich wieder zu "besinnen", wieder alle Sinne gleichwertig zu nutzen . Und die besteht zum noch größeren Glück auch nach wie vor noch.

In 5D könnte man sagen, die Liebe ist verantwortlich für alles Leiden, aber das ist eine 3D-Ausdrucksform, für etwas das es in 5D nicht gibt, und in 3D falsch ist. Es passiert zwar alles in der und durch die Liebe, aber in 3D sorgt nicht die Liebe selbst dafür, dass wir lei- den, sondern die Begierde. Die Vorstellung und Wahrnehmung von Mangel. Das ist das Charakteristikum jeder unzivilisierten Welt: die allgemeine Wahrnehmung von Mangel, die durch den Liebesentzug entsteht, und Gier, Neid, Trennung und dadurch das Gegeneinander hervorbringt. Unzivilisierte Welten sind die, in denen die Bewohner sich gegenseitig zerfleischen und die Angst regiert. Sie sind unzivilisiert, eben WEIL die Liebe ausgeblendet wurde. Und so als universelles Gesetz und Quelle von Allem was ist nicht erkannt werden KANN. Deswegen die langwierige Suche nach Gott und seiner Mystifizierung. Um einen Hinweis auf Gott nicht auszulassen: Wenn Gott in allem existiert, so wie die Bibel und alle anderen biblischen Schriften es sagen, und alles DURCH ihn existiert, wie könnten wir jemals unser Auge auf etwas gerichtet haben, das NICHT Gott ist? Die Suche nach dem mürrischen alten Kerl mit langem weißen Bart hat uns vor lauter Bäumen den Wald nicht sehen lassen. Gott ist allgegenwärtig, in allem was wir wahr nehmen können! Du willst Gott SEHEN, dann schau einfach, Deine Augen können nichts anderes wahrnehmen. Du willst ihn HÖREN, dann horch, denn Deine Ohren können nichts anderes wahr nehmen. Du willst ihn SCHMECKEN oder RIECHEN? Frag mal Deine Nase und Deine Zunge, alles was diese Sinne aufnehmen können ist GOTT! Du willst ihn FÜHLEN? Dann SEI Gott, denn Du kannst nichts Anderes sein, und Deine Gefühle und Empfindungen sind SEINE. Durch die Gefühle wird die Liebe spürbar, so wie alles Andere weil alles was ist, LIEBE ist, Gott ist.

Alles was Du je wahr genommen hast, was etwas anderes sagt, sind die Programme, die noch auf Deiner Festplatte gespeichert sind. Es lohnt sich, hier und jetzt damit anzufangen, die mal aufzuräumen, sich

Programmierungen bewusst zu werden (das geht am Besten in Interaktion mit Anderen) und sie durch bewusstes UMGEWÖHNEN umzuprogrammieren. Hat man sich einmal ganz bewusst ein komplett gesundes Verhalten angewöhnt, kann man als das Gewohnheitstier das man ist, ganz wie gewohnt ein komplett gesundes Leben leben.

Wer oder was ist also die Liebe? Schau in den Spiegel (nicht nur den im Badezimmer, aber mit dem kannst Du ruhig anfangen), und erkenne sie in Dir selbst. Sie ist nichts Neues in Dir, sie war immer da und wird es immer sein, der Unterschied liegt lediglich in Deinem Bewusstsein, Deiner Wahrnehmung. Und zwar in jeder Blende Deines Geistes. Erlaube aus Deinem tiefsten Innern heraus Deinem Geist, sich ihrer zu entledigen, und er wird es ganz automatisch tun, denn auch der Geist heilt von selbst. Er WEISS, wie seine NORM aussieht, sie ist in ihm verankert. Aber er ist wie ein Computer, er macht nicht was er will, sondern was er zu tun gesagt bekommt! Und zwar von niemand anderem als Dir selbst. Lass mal alles andere und alle Anderen außen vor, oder noch besser: fasse ALLES in Dir zusammen, und dann mach Gebrauch von Deiner Dir zur Verfügung stehenden göttlichen Schöpferkraft. Es gibt niemanden mehr, der Dich daran hindern könnte außer Dir selbst! Mach Dir DAS bewusst, und Du hast den Zenit zwischen den Dimensionen überschritten, bist raus aus der Dualität und kannst anfangen sie wieder BEWUSST als Werkzeug zu nutzen, so wie Du es bisher unbewusst getan hast.

Inspiraten-Denkanstöße

Inspiriert durch freies Denken, *und die* Erkenntnisse, *die dadurch kamen!*

In einer Welt voller Informationen, SO voll von Informationen, dass man nicht mehr weiß was man glauben, anzweifeln oder noch wissen kann, und in der ein regelrechter Infokrieg herrscht, der zwischen sogenannten Illuminaten und denen, die sich auf ihr Spiel einlassen geführt wird, kam mir irgendwann der Gedanke, dass es gesünder für mich ist, mich inspirieren statt informieren zu lassen. In Analogie, aber nicht als Gegenpart zu diesen Illuminaten und ihren Gegnern erschuf ich beizeiten die Idee des Inspiraten. Ein Inspirat, informiert nicht, er inspiriert sich und andere durch sein bloßes SEIN, wissend, dass er mit Allem verbunden ist, und außerhalb dieser Verbundenheit mit Allem nichts weiter existiert. Er verlangt von niemandem etwas, und hat es auch nicht nötig, irgendwen von irgendwas zu überzeugen. Er ist in der Lage, jeden Anderen seinen eigenen Weg gehen und seine eigenen Erfahrungen machen zu lassen, ist aber immer interessiert an allem was er wahrnimmt, weil er verstanden hat, dass alles was er wahrnimmt Teil seiner eigenen Wahrnehmung ist. Ich bitte also an dieser Stelle nochmals explizit darum, nicht nur dieses Kapitel, und nicht nur dieses Buch, sondern alles was von mir kommt, und am besten alles Andere gleich auch, als INSPIRATION zu sehen. Am schönsten an diesem Wort fand ich die parallele Analogie zu der Piraterie, die in der Regel verboten ist. InsPiraterie ist die derzeit Einzige ÜBERALL erlaubte Form von Piraterie, und ich denke, das sollte man nutzen.

Viele Menschen haben ein Problem, dessen sie sich nicht bewusst sind: sie denken problem-orientert. Was in einer dualen Weltanschauung dazu führt, dass man mehr mit Problemen zu tun hat als mit Lösungen.

Das neue *freie* Denken der WIR-Generation zeichnet sich als lösungs-orientierte und freigeistige Herangehensweise an Situationen, Menschen und Dinge aus. Man beschäftigt sich einfach mit dem Verfügbaren, wodurch der Mangel aus der Wahrnehmung verschwindet, und erlaubt sich, alle nötigen Gedanken zu denken, um bis zur Lösung vorzudringen.

Ich habe dieses neue Denken in einen Vortrag gepackt, den ich auf Anfrage gern auch bei Dir, unter Freunden, Interessierten, auf Kongressen oder in Seminaren zwischen 30 und 60 Minuten präsentieren kann. Ein Entgelt für diese Vorträge erwarte ich nicht, freue mich aber über jedwede freiwillige Beisteuerung, die uns Hilft, unsere Projekte voranzubringen.

Das "Neue Denken" definiert sich als LÖSUNGS-orientiertes, FREIES, LIEBEvolles Denken. Die Befreiung des SELBST von den Grenzen des alten Weltbildes; Tabus, Intoleranz, Ignoranz, moralisch oder gesetzlich vorgegebenen Denkweisen und falschem Wissen ermöglicht den Zugriff auf die anerkannter Weise nicht benutzten 90% unseres Denkvermögens. Freies Denken ist in einer Gesellschaft nicht möglich, in der die vorgenannten Dinge einen Stellenwert haben wie in der Westlichen. Wie soll man frei denken können wenn man Angst haben muss einen Gedanken zu äußern, und mit vielen Gedanken ist das heute so. Wenn ich von freiem Denken spreche, spreche ich vor allem von der Offenheit, die zur Freiheit dazu gehört, und davon, dass man diese auch nutzt. Und davon, JEDEN Gedanken den ich habe frei äußern zu können, ohne Angst davor haben zu müssen, dafür in die Klapse gesteckt oder eine Riesen-Szene gemacht zu bekommen.

Auf meinem Weg zum freien Denken haben mir viele Denkanstöße aus dem Internet dabei geholfen, und wenn Du magst, kannst Du mit mir auf eine weitere Reise gehen, wenn Du einen Internet-Anschluss hast. Die Menschen die ich Dir jetzt zeige haben Alle den Mumm bewiesen, alte Denkmuster zu durchbrechen und die Welt hinter dem Horizont 10%iger Denkweise zu erforschen.

Zu Beginn können wir uns auf youtube einen 4-Teiler ansehen, den Du findest, wenn Du in der youtube-Findeleiste "Denken spezial" eingibst. Alles was es hier zu hören gibt lohnt sich, gehört zu werden, am Meisten haben mir jedoch die Beschreibungen von Vera F. Birkenbihl geholfen, vorwärts zu kommen.

Bei Ihr können wir auch gleich blieben, und, wenn Du es nicht schon gestern getan hast, ihren Vortrag "Viren des Geistes" anhören, (finde: "Vera F. Birkenbihl Viren des Geistes"). Jetzt bleiben wir beim Geist, und machen einen Sprung zu Bruce Lipton, der uns auf wissenschaftlicher Basis erzählt, warum und wie der Geist die Gene beeinflusst (finde: "Bruce Lipton der Geist ist stärker als die Gene"). Bleiben wir bei der Materie, und lauschen Gregg Braden, der uns einen tiefen Blick in die göttliche Matrix gewährt (finde: "Gregg Braden die göttliche Matrix"). Nach all den Vorträgen was cinematisches gefällig? Wie wärs mit *Die Prophezeiungen von Celestine*, *Der grüne Planet*, oder *Der Pfad des Friedvollen Kriegers*? Diese Filme findest Du wahrscheinlich weniger bei youtube, aber sicher unter www.movie2k.to, wenn die Seite noch bestehen sollte wenn Du das hier liest. Ansonsten google mal, in der Regel ist im Netz ALLES irgendwo zu finden. Ansonsten frag einfach mal rum. Eines Deiner universellen Geschwister hat mit Sicherheit den passenden Link für Dich.

Noch ein paar Vorträge gefällig? Ian Xel Lungold beschreibt eindrucksvoll seine Interpretationen des Maya-Kalenders, besser noch als den ersten Vortrag finde ich den Zweiten (finde bei youtube: "Ian Xel Lun- gold der Maja-Kalender kommt nach Norden der Kondor fliegt zum Adler"), wenn Dich das Thema interessiert, lege ich Dir auch noch wärmstens die Vorträge von Nassim Haramein nahe (finde: "Nassim Haramein die Einheitsfeld Theorie"). Einen tollen Vortrag über lösungsorientiertes Denken verdanken wir Herrn Ackermann (finde: "Andreas Ackermann bist du eine Ameise oder ein Adler").

Übrigens gibt es von allen oben genannten Dozenten auf youtube weitere sinnige Videos, die allesamt gesundes Hirnfutter sind. Gesund vor allem deswegen weil sie sich von Anderen, die sich mit der aktuellen Materie beschäftigen dadurch abheben, weil sie keinerlei Angst vermitteln, sondern Lösungen, und Liebe!

Daniela und ich haben einen eigenen Fernsehsender gegründet, den Du bei Belieben unter www.freies.tv findest, und dort auch selbst aktiv mitwirken kannst.

Wir suchen ständig nach Menschen, die interessante Dinge zu erzählen haben und das im Rahmen unseres Programms auch ganz offen tun möchten. Tabus gibt es bei uns keine, wir denken grenzenlos und fördern symbiotisches Miteinander. Solltest Du Lust haben, selbst Moderator zu werden, setz Dich mit uns in Verbindung, auf der Webseite findest Du alle nötigen Kontaktdaten. Auf der Seite findest Du unter "Brainfood" auch weiteres Hirnfutter, wenn Du magst.

Ich würde mich sehr freuen, wenn Du bis hier gekommen bist und so weit "Blut geleckt" hast, dass Du weiter interessiert an diesen interessanten Themen bleibst. Es ist sehr dienlich, im Internet wie überall anderswo die Augen nach Leuten offen zu halten, die sich auch dafür interessieren, denn richtig interessant wird das alles erst, wenn man anfängt sich darüber auszutauschen. Das bietet weitaus mehr Möglichkeiten, sich spirituell (also "geistig aktiv", das ist was dieses Wort bedeutet, um gegen Ende noch schnell zu erklären, dass es nichts mit Esoterik zu tun hat, also zurück gehaltenem Wissen, sondern mit Exoterik, also geteiltem Wissen, und nicht weiter in irgendwelche Schubladen gesteckt werden sollte, sondern richtig übersetzt und dann genutzt) weiterzuentwickeln, als ein Buch wie dieses hier zu lesen.

Ich möchte dieses Buch, und auch das Experiment an dieser Stelle zu Ende bringen. Vier Tage hab ich jetzt hier gesessen und getippt, was nicht unbedingt anstrengend war, aber ich denke ich habe alles geschrieben was in dieses Buch hinein gehörte. Ich könnte endlos weiter schreiben, aber ich hab auch noch andere Hobbies, und außerdem würde Dani mich wahrscheinlich hauen oder so was ;). Ich kann mir aber gut vorstellen, weitere Bücher in Angriff zu nehmen, und Fragen zu klären die Du vielleicht hast, die in diesem Buch nicht beantwortet wurden (sowas soll vorkommen, ja!). Ich freue mich sehr über Feedback und Anregungen für Weiteres. Also melde Dich gern bei mir. Meine derzeitige Handynummer ist 0157-71799984, die hab ich seit 2006 und werde sie wohl auch noch was behalten, oder schreib mir eine Mail an jesusurlauber@yahoo.de. Ich steh auch gern zur Verfügung wenn Du meinst, dass ich für eines Deiner Probleme eine Lösung haben könnte.

Zum Schluss möchte ich noch einmal EINDRINGLICH darauf hinweisen, dass Du bitte NICHTS was Du hier gelesen hast GLAUBEN sollst! NICHTS davon ist WAHR, ALLES ist an den Haaren herbei gezogen!

Wir treffen uns wo Du bist

und ich auch bin

und wo wir EINS sind,

NAMASTÉ

Nachtrag

Einen Gedanken möchte ich an dieser Stelle noch mit Dir teilen. Es gibt gewisse Bücher, die ich mehrfach gelesen habe, und auch Filme, die ich mehrfach angeschaut habe. Immer erst nach einer Weile natürlich. Mir ist dabei aufgefallen, dass ich das jeweilige Werk dabei JEDESMAL anders wahr genommen habe. Wenn Denkanstöße eine Weile in einem wirken, bewirken sie eben vor allem eine Änderung der Wahrnehmung, wir entwickeln uns unbewusst weiter und erweitern so auch unseren Horizont, sehen und erkennen danach mehr als zuvor. Deswegen kann man in so vielen Büchern, Filmen, Bildern, Liedern immer wieder „Neues entdecken".

Dieses Buch hier ist offensichtlich so konzipiert, dass man immer wieder mal einzelne Kapitel lesen kann, die man auf diese Weise immer wieder neu anzapfen kann und sich mit neuen Denkanstößen versorgen. Solltest Du bisher den Eindruck gewonnen haben, dieses Buch arbeite irgendwie in Dir, mach Dir bewusst, dass DU mit dem Buch arbeitest! Und dann fühl Dich herzlich eingeladen, das auch weiter zu tun. Siehe es einfach als ein Nachschlagewerk Deines Bewusstseins.

Sollten Deine Augen gerade einen angestrengten Eindruck machen, mach Dir bewusst, dass das daran liegt, dass Du sie noch nie so benutzt hast, wie Du das gerade tust.

Willkommen in der Wirklichen Welt !

Anhang

Das Spiel

Ein Spielchen von Bauchi

Regelwerk

Vorwort

Was ist das hier? Eigentlich ganz einfach: Vergleichen wir die Welt mit einem riesengroßen Spielfeld, laufen wir alle darauf herum und spielen unser Spiel so gut wie möglich zu machen. Es fängt an mit unserer Geburt und endet mit unserem Tod. Alles, was dazwischen passiert, ist unser Spiel. In jedem unserer Köpfe auf eine ganz eigene Weise wahrgenommen. Wie bewusst jeder einzelne von uns dabei spielt, ist leider sehr unterschiedlich. Und genau das ist das Problem. In einer Welt, in der wir von allen Seiten eingelullt werden und gesagt bekommen, was wir denken, sagen oder tun sollen, bleibt wenig Freiraum für freie Entfaltung und ein erfülltes glückliches Leben. Es ist aber nicht nur unser Recht, glücklich zu sein, sondern wir haben unseren Mitmenschen gegenüber auch die Pflicht dazu. Wenn wir nicht glücklich sind, sorgen wir für Frust. Und *glücklich* ist ein Wort wie *schwanger, voll, leer, tot* etc.. Nichts davon kann man ein bisschen sein. Entweder man ist es oder man ist es nicht. 99% glücklich ist noch nicht richtig glücklich. Vollmond ist auch erst wenn der Kreis perfekt ist. Das verhilft uns aber zu der gesund(!) egoistischen Einstellung, im Interesse aller ein glücklicher Mensch sein zu wollen, den man gern sieht und der nicht gemieden wird wenn's irgendwie geht.

Ich hab 30 Jahre lang versucht, dieses Spiel nach den Regeln derer zu spielen, die uns führen und dafür sorgen sollten, dass es uns gut geht. Die haben ihren Job so gut gemacht, dass ich am Ende dieser Odyssee in der Klapse gelandet bin. Was mich dazu gebracht hat, ihnen die Verantwortung für mein persönliches Glück herzlich dankend wieder aus der Hand zu nehmen und anzufangen, mein eigenes Leben zu leben. Frei wie ein Vogel konnte ich dank HartzIV 6 Semester lang auf meinem Sofa dieses Leben studieren. Da ganz Deutschland auf diese Weise mein Stipendium bezahlt hat, sehe ich es als Selbstverständlichkeit, Euch allen Rechenschaft abzulegen und Euch mitzuteilen was ich alles heraus gefunden habe.

Im Rahmen des daraus entstandenen NU Era-Projektes habe ich nun mit Einigen um mich herum (danke an jeden der geholfen hat!) dieses Regelwerk erstellt, in dem ich die Regeln bekannt gebe, mit denen ich nun in der Lage bin, mein Spiel so zu spielen, dass ich glücklich und frei leben kann und trotzdem niemand darunter leiden muss.

Ich will keinen überzeugen, das könnt ihr gern selbst tun. Wer auch immer eine Frage hat, oder Ideen oder Kritik oder sonst etwas Sinniges zu sagen, kann sich gern bei mir melden.

Ich wünsche viel Spaß beim Spielen... Ein Tipp noch: Nehmt nicht alles so ernst! Ab jetzt ist alles nur noch ein Spiel ;)

Liebe Grüße, Euer Bauchi

Einleitung

Nu Era ist ein Projekt, bei dem jeder mitmachen kann. Seine Vielseitigkeit ermöglicht das Spiel, dessen Regelwerk Du gerade liest und bei dem auch jeder mitmachen kann.

Da die Regelauflistung nicht wirklich viel Platz beansprucht, haben wir ein paar nützliche Tipps angehängt, die Dir helfen werden, erfolgreich zu spielen.

Ziel des Spiels ist es, glücklich zu sein. Und zwar nicht erst am Ende, sondern in jedem Moment, in dem Du es spielst. Wichtig ist dabei die Definition von „glücklich sein". Glücklich bist du, wenn Du im jeweiligen Moment nichts, aber auch gar nichts ändern würdest, um ihn Dir schöner zu machen. Diese Momente darfst Du Dir hellgrün markieren. Die hast Du gewonnen. Die Momente, in denen das nicht so ist, markierst Du rot, die sind vorläufig verloren. Es besteht ab einem bestimmten Level (Du wirst wissen, wenn Du ihn erreicht hast!) aber die Möglichkeit, ganze Reihen von *vergangenen* roten Momenten dunkelgrün zu markieren, das bedeutet dann so viel wie „diesem *Moment einen Sinn gegeben*". Diese Momente waren zwar unglückliche, doch wenn man aus ihnen lernen konnte, helfen sie, in der Zukunft weitere hellgrüne Punkte zu sammeln. Womit sie definitiv wieder eine grüne Farbe verdienen, wenn auch nicht die helle.

Für jeden grünen (dunkel oder hell spielt keine Rolle) Moment darfst Du Dir einen grünen Punkt auf Dein Konto schreiben, für jeden roten einen roten Punkt.

Das Spiel ist zu Ende, wenn das Licht ausgeht. Sprich: Dein Ableben. Das ist dann der Moment, in dem Du sehen kannst, wie gut Du über die ganze Dauer gespielt hast. Überwiegen Deine roten Punkte, wohl nicht so. Überwiegen Deine grünen, dann wirst Du gelassen gehen können wie ein Sieger. Das Optimum ist eine grüne Linie glücklicher Momente.

Natürlich kannst Du zu jedweder anderen Zeit auch Deinen Punktestand checken. Sollte Dir nicht gefallen, was Du siehst, ändere einfach Deine Spieltaktik. Die Tipps im Anhang sind dabei ganz hilfreiche Werkzeuge. Je besser Du sie nutzt, desto leichter sammelst Du grüne Punkte mit ihnen. Übung macht den Meister ;)

Wenn Du willst, kannst Du sofort loslegen. Du brauchst nichts weiter als Deinen Kopf. Stell Dir vor, Du fährst ihn hoch wie eine Spielekonsole. Das Spiel lädt, startet, das Logo wird gezeigt und Du liest gerade genau das hier. Du nimmst noch mal die Hülle des Spiels in die Hand und studierst die Rückseite:

Einleitung einer völlig neuen Spielgeneration. Mitten drin, statt nur dabei! Super-WOW-leckmichamarschisdasgeil-Grafik, Dolby Surround LIVE, full emotiontechnologie, sniffthis-geruchstechnik, touch-feel-sensor, incl. mitgeliefertem USB- Zungenstück für echtes Geschmackserlebnis!

„Lauf durch eine absolut reale Welt und übernimm die Kontrolle über jede Bewegung! Abermilliarden Mitspieler, unzählige Landschaften, Fahrzeuge, Häuser, und das beste Bami Goreng beim Chinesen um die Ecke! Führe ein Leben, so wie Du es tun würdest."

Achtung: Spiel erfordert den Mut, seine eigenen Entscheidungen zu treffen und nach ihnen zu handeln!"
Zeit, die Regel kennen zu lernen:

Regel

Tu alles, was nötig ist, um Deine Momente grün zu markieren. Sprich: Tu alles, was nötig ist, um glücklich zu sein.

Steuerung: Du hast Kontrolle über drei Funktionen im Spiel:

1. Deine Gedanken

2. Deine Worte

3. Deine Taten

Alles Andere ergibt sich interaktiv und ist niemals zu 100% sicher kontrollierbar.

Nützliche Tipps

Steuerung und Spielkontrolle

Da Du nur drei Dinge wirklich kontrollieren kannst, solltest Du aufpassen, dass Du sie unter Kontrolle behältst. Dabei ist es eigentlich ganz einfach: Verhalte Dich freundlich! Diesen Gedanken solltest Du einfach permanent im Hinterkopf behalten, da er das Sammeln grüner Punkte erleichtert. Freundlich denken bezieht sich auf alles, was uns begegnet: Menschen, Situationen, Dinge, Gedanken, Stimmungen, etc.. Das Wort freundlich entstammt dem Wortstamm „Freund". Denk mal kurz an Deinen besten Freund oder Deine beste Freundin. Und denk drüber nach wie Du von dieser Person behandelt werden möchtest. Wenn Du im Spiel inklusive Dir selbst jeden Mitspieler und alles was Dir begegnet so behandelst wie Du von dieser Person behandelt werden möchtest, wirst Du sehen, dass es grüne Punkte hageln wird. In der Tat ist der Ursprung allen roten Übels unfreundliches Verhalten!

Wenn der Gott-Modus von allen Mitspielern perfekt gespielt werden würde (was nicht schwer sein dürfte, wenn wir Hand in Hand spielen), würde das bedeuten, dass keiner von ihnen mehr einen unfreundlichen Gedanken denkt und somit kein Nährboden für rote Momente mehr da wäre. (zwinker zwinker, klar soweit?)

Als eindringlicher Tipp: Unfreundliche Worte und Taten entspringen unfreundlichen Gedanken. Macht also Sinn, sich direkt dem Ursprung des Übels zu widmen und darauf zu achten, die Gedanken möglichst kontrolliert zu handhaben. Wenn Du freundlich denkst, wirst Du in dem Moment wohl kaum jemanden anbrüllen oder verprügeln. Es geht leichter wenn man sich an ein paar Kleinigkeiten hält.

Z.B. ist es rein faktisch nicht richtig, wenn wir jemanden als ein Arschloch bezeichnen. Das stimmt nun mal einfach nicht. Fakt ist, dass diese Person ein Mensch ist. Dieser Mensch kann sich allerdings wie ein Arschloch verhalten, indem er in seinem Umfeld nur Scheiße produziert. Es macht Sinn, hinter die Verpackung zu schauen, um den Kern der Dinge, die uns im Spiel begegnen, genauer betrachten zu können. Eine unfreundliche, urteilende Denkweise –„Der Typ ist ein Arschloch!"- wird so zu einer neutralen Beobachtung –„Der Typ verhält sich wie ein Arschloch."- die Freiraum für das Bewusstsein schafft, dass wir alle nur Menschen sind, die versuchen möglichst gut freundlich zu denken. Begegnet Dir jemand, der noch nicht so weit ist wie Du, sei ihm ein Vorbild. Derweil könnt ihr gemeinsam grüne Punkte sammeln. Du wahrscheinlich eher als er ;)

Richte keinen Schaden an

Wenn Du durch Dein Tun keinen Schaden anrichtest, wird niemand ein Problem damit haben, was Du tust. Folglich versuche so zu spielen, dass Du keinen Frust verursachst. Wenn Du Frust verursachst, müssen Deine Mitspieler ihre Momente rot färben, und das werden sie Dir wahrscheinlich recht schnell heimzahlen wollen, was Dich grüne Punkte kosten wird.

Das soll nun nicht bedeuten, dass Du nichts machen darfst wenn irgendjemand ein Problem damit hat. Solange DU nicht in der Absicht handelst, explizit Schaden anzurichten, wirst Du meist in der Lage sein, durch Dein Tun entstandenen Schaden wieder zu beheben. Es gibt Fälle, da wollen Deine Mitspieler nicht anders, als ein Problem mit Dir haben. Wir raten, diese dann zu meiden, weil sie dafür sorgen, dass Du Deine Punkte rot markieren musst. Diese Leute haben wahrscheinlich die Regel noch nicht so gut begriffen. Aber das ist DEREN Spiel, also kümmere Dich einfach nicht weiter um sie, auch wenn sie noch so versuchen, Dir Dein Spiel zu versauen. Klar soweit? Wenn sich dadurch, wie Du gewisse Dinge angehst, niemand daran stößt, dass Du sie tust, kannst Du machen was Du willst. Und solltest tunlichst versuchen, das umzusetzen, denn dann hagelt es grüne Punkte!

Nutze die Dinge die sind (Extrem-Istsituations-Surfing)

Oft wirst Du im Verlauf des Spiels in Situationen geraten, die Dir unangenehm sind. Bevor Du Dich von einem Geschehen, dem Du nicht ausweichen kannst, besiegen lässt (roter Punkt), widme Dich dieser Sache mit voller Konzentration (s. *„Konzentration und gutes Kung Fu"*) und meistere die Herausforderung. Für jedes Problem gibt es eine Lösung. Brenzlig wird's für Dich nur, solange Du für ein bestimmtes Problem noch keine Lösung gefunden hast. Das Problem hieran: Jeden Moment, den Du der Herausforderung nachgibst, wirst Du Deinen Moment rot färben müssen. Die Lösung liegt auf der Hand: Beschäftige Dich einfach weiter mit der Lösung statt mit dem Problem. Solltest Du noch nicht alle Informationen zusammen haben, um eine Lösung zu finden, leg das Problem beiseite und beschäftige Dich augenblicklich wieder mit etwas, das Dir grüne Punkte bringt. Jeder Augenblick, den Du Dich einem Problem stellst, für das Du noch keine Lösung hast, färbt rot!

Alles zu seiner Zeit... Wenn Du z.B. freitags nachmittags eine Hiobsbotschaft geschäftlicher Natur bekommst (z.B. Deine Kündigung), und Du genau weißt: Bis Montag kann ich eh nichts regeln, dann versau Dir nicht das ganze Wochenende. Weiß der Geier, was Montag alles passiert, bis dahin jedenfalls gilt es weiter fleißig grüne Punkte zu sammeln. Wer weiß ob der Geier überhaupt eine Ahnung hat, wann bei Dir das Licht ausgeht... Grüne Punkte sammelst Du derweil, indem Du Dich auf die Möglichkeiten besinnst, die Dir der Moment gibt: schau Dich um: was tut Dir gut, was brauchst Du? Was sieht nach grünen Punkten aus, was nach roten? Halte Dich von Letzteren fern und sammle von den Grünen, was Du kriegen kannst! Behalte aber auf dem Schirm, dass da noch das zu lösende Problem ist. Versuche, es mit möglichst wenigen roten Punkten zu lösen. Ein paar rote Punkte lohnen sich mitunter als Investition. Geübte Spieler haben schnell heraus, wie man rote Punkte in dunkelgrüne verwandelt. Wer schnell lernt, kann schnell einen Sinn aus allen Dingen gewinnen. Allen Dingen einen Sinn abgewinnen zu können hat zur Folge, dass es grüne Punkte hagelt.

Liebe, Respekt und Toleranz (nützliche Werkzeuge)

Ein paar Werkzeuge haben bei richtiger Anwendung ungeheuren Nutzen und machen Eure Hände größer und schneller, um grüne Punkte zu sammeln. Aber Vorsicht! Falsch angewendet können sie lange blutrote Spuren hinterlassen... Wer den Gott-Modus spielen will, sollte diese Werkzeuge unbedingt nutzen lernen. Sie sind Voraussetzung für den Eintritt in die nötige

Wahrnehmungsform.

Hier einige Hinweise zur Handhabung:

Liebe: Ok, nimm Dir dieses Werkzeug mal in die Hand und schau es Dir in seiner reinen Form an. Pure, bedingungslose Liebe. Mit diesem Werkzeug kannst Du Multiversen von Gefühlen bauen, grüne Punkte absahnen bis der Arzt kommt und dafür sorgen, dass Deine Mitspieler grüne Punkte sammeln können (s. *„Gott-Modus"*), oder aber durch schlechte Werkzeugpflege und unbedachte Handhabung wahre Schlachtfelder mit blutroten Punkten zu hinterlassen. Während Du derweil selbst keinen einzigen grünen Punkt sammeln kannst.

Womit haben wir es hier also zu tun? Was ist Liebe und wie geht man damit um? Liebe ist die Fähigkeit, ohne jedwede Bedingung anderen – als auch sich selbst - ihre grünen Punkte zu gönnen, und nach Möglichkeit alles dafür zu tun, dass sie sie bekommen. Das hat den Vorteil, dass die Anderen dann im Gegenzug automatisch mit dafür sorgen, dass Du Deine Momente grün markieren kannst (s. *„Gott-Modus"*). Aber Vorsicht! Die Liebe verdreckt extrem schnell. Sie ist wie ein Magnet für Begierde. Von Begierde solltest Du Dich möglichst fern halten. Begierde begegnet Dir im Spiel fast immer mit viel versprechender grüner Aura, aber im Innern ist sie Blutrot. Sie verspricht Dir grüne Punkte, und wenn Du nicht aufpasst, glaubst Du ihr und folgst ihr, in der Erwartung grüner Momente. Erwartungen haben aber im Spiel einen großen Nachteil: Da Du nie weißt, was die Anderen so alles treiben, die Dein Spiel beeinflussen, lass Dich besser nie auf trügerische Erwartungen ein. Zu groß ist die Gefahr roter Punkte, nicht nur für Dich sondern für Dein ganzes Umfeld. Enttäuschung ist blutrot, und die kann man sich ganz einfach schenken. Achte lieber in jedem Moment auf das, was gerade vor Deiner Nase passiert, dadurch bleibt nämlich der **Angstpegel** ruhig. Wenn der Angstpegel ausschlägt, wirst Du Deine Momente rot färben, und da ist nicht viel Spielraum. Der Angstpegel steigt, wenn Du Dich zu sehr mit negativen Gedanken herumschlägst (wofür Du schon rote Punkte sammelst), die mit dem jetzigen Moment noch gar nichts zu tun haben. Wenn Du Dein Werkzeug Liebe ordentlich pflegst, Dich immer darauf besinnst, wofür es gut ist und wie man es handhabt, wirst Du diese Herausforderungen spielend meistern. Es Lohnt sich wirklich, den Umgang mit diesem Werkzeug zu üben und zu trainieren. Kein anderes Werkzeug hat so große Sammelkraft für grüne Momente... Wende es an, indem Du jedem Mitspieler incl. Dir nichts als grüne Punkte wünschst. Lässt Du zu, dass die Begierde Deine Liebe beschmutzt, wird diese Dich nämlich genau dabei ablenken. Denk nicht an das, was du gern hättest, denk an grüne Punkte! NUR DIE ZÄHLEN!!!

Respekt: Dieses Werkzeug erinnert Dich daran, dass Du zwar *Dein* Spiel spielen sollst, aber den Anderen eine faire Chance geben solltest, auch Spaß an diesem Spiel zu haben. Alle Beteiligten haben das gleiche Ziel: Möglichst viele grüne Momente zu sammeln. Die einen machen das mehr, die Anderen weniger erfolgreich. Wann immer die Gefahr besteht, dass die Spielweise Anderer für rote Punkte auf Deinem Konto sorgt, wende dieses Werkzeug an. Denke dabei daran, dass andere Spieler um Dich herum eventuell noch nicht ganz so gut geübt in dem Spiel sind und demzufolge auch noch nicht so gut im grün markieren sind. Hilf Ihnen wo Du kannst, besser zu spielen. Spiel ihnen vor, wie man es besser macht. Wenn Du Dich auf Ihr Spiel einlässt, wirst Du rote Punkte ernten. Im Umkehrschluss macht es Sinn, sich anzuhören, was Deine Mitspieler schon an **Informationen** gesammelt haben. Informationen sind wichtig für den **Durchblick** (s. *„Abstand und Durchblick"*). Informationen findest Du im Spiel an jeder Ecke, viele sind falsch und werden Dir aufgedrängt, wieder Andere sind kostbar und sehr wertvoll und erfordern Geschick, Weisheit oder sehr viele rote Punkte. Jedoch- jede gesammelte Information kann offen für alle zur Verfügung gestellt werden. Und wer geübt genug ist, mit ihnen umzugehen, und sie sinnvoll und weise zu nutzen, wird die schwersten **Herausforderungen** mühelos bewältigen. Grüner Punkte-Hagel!

Toleranz: Da jeder Mitspieler ganz individuelle Bedürfnisse hat, ist das Toleranzwerkzeug in vielen Situationen sehr effektiv. Toleranz bewirkt **Handlungsfreiraum.** Wende es an Deinen Mitspielern an, indem Du Sie Ihre Entscheidungen selbst treffen lässt. Im Gegenzug kannst Du dann den gewonnen Handlungsfreiraum selbst in vollem Umfang nutzen.

Geduld (Top-Werkzeug!)

Das beste Werkzeug, das Du Dir aneignen kannst, ist die Geduld. Geduld ist Gold wert, denn Geduld beschert nicht nur Unmengen an grünen Punkten, sondern hilft Dir auch, sicherer im Umgang mit den anderen Werkzeugen zu werden. Geduld hat keine zerstörerische Wirkung, kann aber verhindern, dass etwas zerstört wird. Im Spiel kannst Du **Samen** setzen. Die sind braun und haben immer einen grünen Kern. Überlege Dir gut, wann und wo Du sie setzt. Sie werden wachsen. Und zwar entsprechend der Behandlung. Sie können verkümmern, wenn man sie gar nicht mehr um sie sorgt. Was nicht schlimm sein muss. Viele dieser Samen verkümmern. Viel schlimmer ist, wenn sie wachsen und falsch gepflegt werden, und dadurch blutrote Natur annehmen. Das Problem an den Samen ist, dass man nicht umhin kommt, sie früher oder später zu ernten. An Deiner Pflege liegt es, ob Du rot oder grün erntest.

Pflegst Du sie mit viel Liebe, nimm auch das Geduldwerkzeug hinzu. Toleranz und Respekt erweisen sich ebenfalls als sehr nützlich. Alle Werkzeuge zusammen bilden ein **Supertool,** das Du nicht nur auf Samen anwenden kannst. Dieses Supertool ist der Schlüssel zum Gott-Modus. Wenn Du es beherrschst, kannst Du damit in die Wahrnehmungsform eintreten. Du MUSST es beherrschen, um in dieser Wahrnehmungsform zu bleiben! Machst Du einen geringen Bedienungsfehler, fliegst Du genau so lange raus, bis Du das Ding wieder im Griff hast. Klar soweit?

Sei egoistisch!

Der Gott-Modus ist nicht nur eine Option. Es ist eher ein Meisterschaftsgrad, den zu erreichen den Vorteil bietet, dass man in ihm keine roten Punkte mehr sammeln kann. Diese Wahrnehmungsform wird Dir zugänglich, wenn Du gelernt hast, wie man wirklich glücklich ist, sprich Deinen **Glückspegel** hübsch auf 100% hältst, um grün markieren zu können.

Es ist wichtig, sich vor Augen zu halten, dass glückliche Mitspieler, die überwiegend grüne Punkte auf dem Konto haben dafür sorgen, Anderen grüne Punkte bescheren können. An die solltest Du Dich halten, bis Du selbst weißt wie es geht, und versuchen, das bei ihnen Erlernte möglichst sinnvoll einzusetzen. Du kannst in jedem glücklichen Moment bereit einer von ihnen sein. Verhalte Dich in diesen Momenten einfach genau wie einer. Wenn Du begriffen hast, wie das geht, kannst Du Dich auch in anderen Momenten so verhalten, was rot meist nur noch leicht aufleuchten und im grün verschwinden lässt. Sich entsprechend verhalten macht also Sinn. Glückliche Menschen sind in diesem Spiel Glücksbereiter und gern gesehene Gesellschaft. Die, die es nicht sind, verbreiten – ungewollt oder nicht - Stress und rote Punkte, und sind von daher auch nicht so beliebt. Deswegen sei im Interesse aller Mitspieler absolut egoistisch was Deinen Glückspegel angeht. NIEMAND will - bewusst oder nicht - dass Dein Glückspegel rote Farbe annimmt, und Du willst das auch nicht von Anderen. Rote Glückspegel bringen rote Punkte! Also halte wenigstens schon mal Deinen im grünen Bereich (der nun mal leider nur auf 100% zu finden ist. 99% ist schon eine rote Anzeige). Es geht in diesem Spiel um nichts anderes als grüne Punkte, vergiss das nie!

Angemerkt sei an dieser Stelle, dass sich Punkte nicht klauen lassen. Kein Spieler kann einem Anderen grüne Punkte klauen. Aber man kann sie sich gegenseitig schenken, wobei das Schenken eines grünen Punktes zur Folge hat, dass Du Dir dafür wieder einen weiteren anschreiben können wirst... immer hübsch den Glückspegel im Auge behalten! Zufrieden kann man nur sein, wenn die Anzeige grün leuchtet.

Kontrolle – freundlich denken!

Ein paar Tipps zur Steuerung: In diesem Spiel kannst Du exakt drei Dinge kontrollieren. Diese mit genügend Übung in vollem Maß, aber sonst GAR NICHTS! Da das Spiel sich interaktiv weiter entwickelt, und zur Zeit 6,5 Milliarden –freiwilliger oder unfreiwilliger weil unwissender- Mitspieler das Geschehen lenken, minimiert sich das Kontrollierbare auf das, was letztlich nur noch mit Dir zu tun hat: Deine Gedanken Deine Worte Deine Taten. Alles andere obliegt Einflüssen Anderer und ist für Dich nicht erstrebenswert, kontrolliert zu werden. Das Risiko, in ein Meer roter Punkte zu fallen, ist einfach zu groß. Also besinn Dich darauf, was Du gerade tust, und ob es Deinen Zielen langfristig gerecht wird. Oder ob Du gewisse Dinge vielleicht anders besser anpackst. Es ist immer sinnvoll, FREUNDLICH zu denken. Jedem Mitspieler, jeder Situation, jedem eigenen Gedanken gegenüber (auch Dir selbst natürlich). Freundlich denken bedeutet: wie über einen Freund. Wer das freundliche Denken beherrscht, braucht sich um den Glückspegel keine Gedanken mehr zu machen. Allein das freundliche, positive, konstruktive Umgehen mit allem was im Spiel passiert lässt den Pegel ansteigen. Unfreundlicher Umgang lässt ihn nach unten fallen. Die wichtigste Taktik ist also ein freundliches Denken. Wer das beherrscht, steht auf der sicheren Seite. Das Supertool ist ein gutes Werkzeug, diese Taktik umzusetzen.

Konzentration und gutes Kung Fu

Das Spiel findet JETZT statt. Es interessiert nicht, was bis gerade war (alle Informationen, die wir auf dem Weg gesammelt haben, sind gespeichert, für mehr ist das Vergangene nicht mehr gut. Vor allem ist es nur noch eine Erinnerung. Genauso wie die Zukunft nur eine Vorstellung ist. Wenn Du Dich auf das konzentrierst, was gerade passiert, und dem Geschehen Deine 100%ige Aufmerksamkeit schenkst, bleibt kein % Aufmerksamkeit mehr für Dinge übrig, die jetzt gerade NICHT sind. Dingen, denen Du keine Aufmerksamkeit schenkst, berühren Dich nicht weiter, können nicht zu einem Problem werden. Angst und Groll, die immer für rote Punkte sorgen, kannst Du so gekonnt aus Deinem Spiel halten. Die Konzentration auf den jeweiligen Moment bietet Dir allerdings eine weitere Möglichkeit: Aufmerksame Spieler bekommen mit, was um sie herum passiert. Und schaffen es, sich und Ihr Spiel in Einklang mit den anderen Mitspielern und dem Spiel im Ganzen zu bringen. Je mehr Du im Einklang mit dem Spiel lebst, desto höher steigt Dein **Kung Fu-Level.** Je höher Dein Kung Fu-Level steht, desto leichter wird Dir das ganze Spiel fallen. Du bist besser auf das vorbereitet, was noch kommt, weil Du mit Fakten hantierst, und nicht mit Vermutungen. Fakten kannst Du aber nur finden, wenn Du aufmerksam genug dem Spiel folgst. Folge Deinem. Folge dem Ganzen. Spiel einfach und hab Spaß dabei.

Abstand und Durchblick

Während des Spiels kannst Du aus gutem Grund zwischen zwei verschiedenen Wahrnehmungsformen wählen. Die Ego-Shooter-Perspektive bietet volle Ich-Bezogenheit, die manchmal von Nöten ist. Diese

Wahrnehmungsform empfiehlt sich, um sich z.B. in Gefühle fallen zu lassen. Du nimmst das Spiel aus Dir selbst heraus wahr. Nutze diese Wahrnehmung weise, hält man sich zu lang in ihr auf, drückt das den Glückspegel nach unten. Es ist wichtig, die Balance zu halten zwischen den Wahrnehmungsformen. In der 3rd-Person-Perspektive nimmst Du Dich als Teil Deiner Umwelt wahr. Du stehst ein wenig über Dir selbst und nicht so ganz im Geschehen. Diese Perspektive verschafft Dir einen gewissen Abstand zu den Dingen. Das trägt z.B. dazu bei, dass Du Dich weniger hinreißen lässt, Dinge zu tun, die rote Punkte zur Folge haben. Zu viel Abstand ist aber genauso schädlich wie zu viel „Mittendrin-Sein". Hör einfach auf Dein Gefühl. Wenn Du Dich mal nicht wohl fühlst und nicht weißt, wie Du Deinen Glückspegel wieder grün bekommst, wechsel mal die Perspektive... Könnte sein, dass die Lösung für Dein Problem so um einiges schneller zu finden ist.

Die Ego-Shooter-Perspektive ist absolut wichtig, um das eigene Befinden klar zu definieren. Sich darüber im Klaren zu sein, wie es um sich selbst bestellt ist, ist die Voraussetzung, um Anderen sagen zu können, was einem fehlt, um grüne Punkte zu sammeln. Hältst Du Dich zu lang in der 3rd-Person-Perspektive auf, besteht die Gefahr, dass keiner weiß was Du brauchst. Natürlich kannst nur DU Deinen Ego- Shooter einsehen. Das ist ziemlich so wie im wirklichen Leben. Keiner kann dem Anderen hinter die Stirn gucken. Weil aber alle Mitspieler (haben wir eigentlich schon erwähnt, dass es in diesem Spiel gar keine Gegenspieler gibt?) grüne Punkte sammeln wollen, ist es wichtig, dass möglichst viel über das innere eines jeden bekannt ist. Nun, und was es über Dich zu wissen gibt, kannst eben nur Du heraus finden. Lass die Informationen denen zukommen, die sie brauchen um Dir helfen zu können, grüne Punkte zu sammeln. Sprechenden Menschen kann geholfen werden. Die 3rd-Person-Perspektive bietet den entsprechenden Ausgleich. *Durchblick* bekommst Du, wenn Du gekonnt zwischen den beiden Perspektiven hin und her wechselst. Und der wird Dir helfen, Deinen Glückspegel oben zu halten.

Gott-Modus (Multiplayer, Team-Play)

Yeah! Wir konnten uns nicht verkneifen, diesen Modus ins Spiel zu integrieren. Und ohne ihn wäre das Spiel eigentlich sinnlos. Im Gottmodus kann man nämlich richtig Punkten. Tun wir uns mit Anderen zusammen, ist das Risiko groß, dass es rote Punkte hagelt. Dagegen steht die Hoffnung auf grüne Punkte in gleichem Ausmaß. Dabei ist es so einfach, die roten Momente zu vermeiden. Alle die den Gott-Modus erreichen, werden feststellen, dass wir Recht haben.

Wer so weit ist, dass er begriffen hat, dass grüne Punkte am leichtesten zu erhaschen sind, wenn wir dafür sorgen, dass unser Wirken keinen Schaden verursacht, ist eigentlich schon so weit. Wer begriffen hat, warum es in diesem Spiel keine Gegenspieler gibt, kann ihn spielen.

Wer begriffen hat, welchen Wert ein jeder Mitspieler hat, wird ihn meistern. Wer ihn meistert, der wird in jedem dieser Momente nicht nur hellgrün kassieren, sondern hat auch das Paradies-Artwork freigeschaltet. Und allein das Paradies zu sehen und wahrzunehmen ist schon wert, dieses Spiel zu spielen! Da hat sich jemand richtig Mühe gegeben ;)

Angst vor dem Ende

Das größte X im Spiel: Das Ende! Das Ding ist folgendes: Es ist natürlich unausweichlich. Trotzdem weißt Du bis es eintritt nichts darüber, und das ist auch gut so. Spiel einfach so lang Du kannst. Angst ist immer hinderlich. Vor allem weil Angst eine Reaktion des Körpers auf Gedanken sind, die unser Kopf produziert. Angst ist somit ein reines Hirngespinst. Wer das begriffen hat, und sich von seinen Hirngespinsten nicht weiter hindern lässt, emsig grüne Punkte zu sammeln, dem steht eigentlich sonst kaum noch ein Hindernis im Weg. Da das Ende jederzeit aus dem Blauen heraus kommen könnte, solltest Du Dich also nicht zu sehr von Deinen Ängsten bremsen lassen, sondern in der Zeit versuchen, grün zu verbuchen. Wer weiß, wie viel Zeit Dir bleibt?

Sauberes Umfeld

Um Grüne Momente zu erleben sollte man möglichst sein Umfeld grün halten. Jeder rote Punkt fällt nämlich dann dem ganzen Umfeld sofort auf und kann beseitigt werden. Rot ist Schmutz, den will keiner wirklich haben. Solltest Du jemanden dabei erwischen, das hübsche grüne Umfeld mit rot zu besudeln, mach ihn darauf aufmerksam und hilf ihm, es wieder zu beseitigen. Will sich jemand nicht belehren lassen, wird er recht schnell merken, dass er in diesem Umfeld wohl nicht richtig angesiedelt ist und von allein gehen.

Das Internet

Die größte Erfindung der Menschheit! Warum? Weil es allen anderen Erfindungen gegenüber einen Unterschied hat: Es bringt uns in Sekundenschnelle zusammen. Quer über den ganzen Planeten. In Bild und Ton. Eine 1-zu-1-Vernetzung von 6,5 Milliarden Menschen (IBM hat noch große Pläne bis 2010).

Nutze es! Wenn Du irgendwelche Schwierigkeiten hast, nutze das Internet. Wir nutzen es auch. Z.B. um dieses Regelwerk hier zu erweitern, verbessern und zu veröffentlichen. Man findet aber auch allerhand andere Hilfe. Wer Fragen, Kritik oder eine andere Meinung hat, kann sich gern direkt bei mir melden. Jede Email an jesusurlauber@yahoo.de landet direkt in meinem Postfach ;)

Wir wünschen derweil Spaß beim Spielen!

LEGENDE

Wahrnehmungsform - Es gibt drei: Ego-Shooter-Perspektive: Sicht aus sich selbst heraus, Kopfperspektive 3rd-Person-Perspektive: Sicht aus der Vogelperspektive Gott-Mode-Perspektive: Paradies-Artwork, Wahrnehmung der Superlative!

Glückspegel – Anzeige von 0-100%. Leuchtet hellgrün auf, wenn die Anzeige auf 100% steht (Grundvoraussetzung für hellgrün zu markierende Momente). Leuchtet rot, wenn unter 100%.

Angstpegel – Der Zeiger des Angstpegelmessers sollte immer in der Mitte stehen. Links von der Mitte steht Angst, rechts davon Übermut. Beides verhindert vor allem, dass der Glückspegel auf 100% steht! Halte den Zeiger immer in der Mitte!

Informationen – liegen überall im Spiel versteckt. Keine ist rot oder grün behaftet, gut oder schlecht. Was Du aus ihnen machst, wie Du mit ihnen umgehst, ist entscheidend.

Durchblick – Anzeige von 0-100%. Je höher desto besser! Näheres dazu im Kapitel „Abstand und Durchblick".

Herausforderungen – präsentieren sich im Spiel in verschiedensten Verpackungen. Jeder Spieler hat seine eigenen. Jeder Spieler muss seine eigenen Herausforderungen meistern! Keiner kann ihm das abnehmen, aber jede Hilfe ist erlaubt, solange sie keine roten Punkte kostet.

Handlungsfreiraum – Anzeige von 0-100%. Je höher die Anzeige, desto mehr Aktionen stehen zu Verfügung.

Samenkörner – Jeder Spieler hat entsprechend seines Handlungsfreiraumes viele Samen zur Verfügung. Jede Aktion kostet einen Samen. Mehr dazu im Kapitel „Geduld".

Werkzeuge – Alles, was Du im Spiel findest, das Du auf einen Mitspieler oder irgendwelche Dinge anwenden kannst, sind Werkzeuge. Zum Teil sehr gefährlich!

Kung Fu-Pegel - Anzeige von 0-100%. Bei absolutem Einklang zwischen Dir und Deiner Umwelt steht diese Anzeige auf 100%. 0% werden recht ungemütlich.

**Weitere Bücher des Autors
unter
www.lest2020.de**

"Achtung!

Wenn ein Buch schon den Titel "?!" trägt, kann es nichts Gutes bedeuten. Und das tut ES auch nicht! ES bedeutet etwas jenseits von Gut und Böse. ES bedeutet Änderungen im Gesamtbild, die Welt des Lesers könnte und wird sich nachhaltig etwas Neuem anpassen. ES zu beschreiben macht hier keinen Sinn. All-ES steht im Buch..."
(FreeMankind)

Der Autor führt den Leser auf eine unglaubliche Reise durch Raum und Zeit, das Universum und sich selbst.

"Bauchi schreibt was er fühlt und nicht nur um halt was hinzuschreiben....Er füllt das Blatt mit Leben und nicht nur mit Buchstaben ;)"
(Daniel Starsoul)

Glaube nichts, was Du hier liest, denn alles ist an den Haaren herbeigezogen!

Lesen also auf eigene Gefahr,
aber keine Angst,
der Inhalt ist heilsam!

9 783743 127630